Experiencing Chinese

体验 汉语

国际语言研究与发展中心

练习册
初中

Workbook
Middle School
1B

高等教育出版社
Higher Education Press

目录

1. 我出生在美国 — 1
2. 他今年十六岁 — 9
3. 你喜欢吃什么？ — 16
4. 纽约现在是上午八点 — 24
5. 几点下课？ — 32
6. 星期几有汉语课？ — 40
7. 生日快乐！ — 48
8. 北京今天多少度？ — 56
9. 我迷路了 — 65
10. 一件黄色的外套 — 73
11. 我想做一名画家 — 82
12. 你会玩滑板吗？ — 90

Lesson 1 我出生在美国

① Circle the words you hear.
圈出你听到的词语。

1. chūshēng / chūshēn / shūshēng
2. jiǎndān / qiǎntān / xiǎndān
3. zhùyuàn / zhūjuàn / zhǔmiàn
4. máobǐ / máopí / máopī
5. kě'ài / kělè / gérè

② Listen to the recording and fill in the initials.
听录音，填写声母。

1. __ǐng __è
2. __āng __ǎng
3. __ǎo __ǔ
4. __ē __ǒu
5. __ǎng __uāng
6. __áng __éng
7. __ǐ __uà
8. __ǎn __àn
9. __ān __ǎo
10. __ǐ __uāng

③ **Listen and draw.**
听一听，画一画。

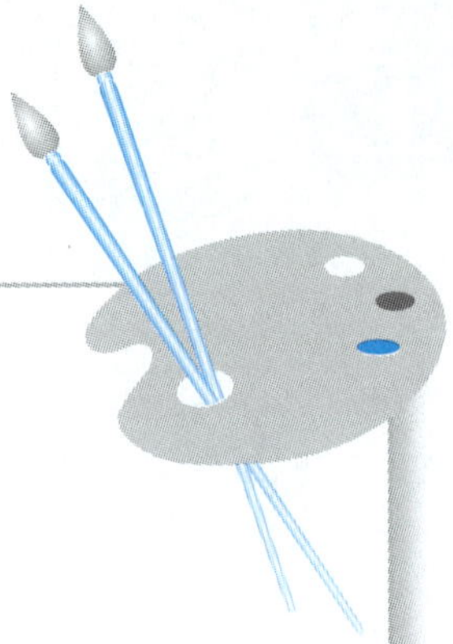

④ **Listen to the recording and choose the right answer.**
听一听，选择正确答案。

A 她是西班牙人。　　她是中国人。 B

A 那个女孩儿是马丽的同学。　　那个男孩儿是马丽的同学。 B

A 她出生在美国。　　她出生在中国。 B

Lesson 1　I was born in America

5 Read and link.
读一读，连一连。

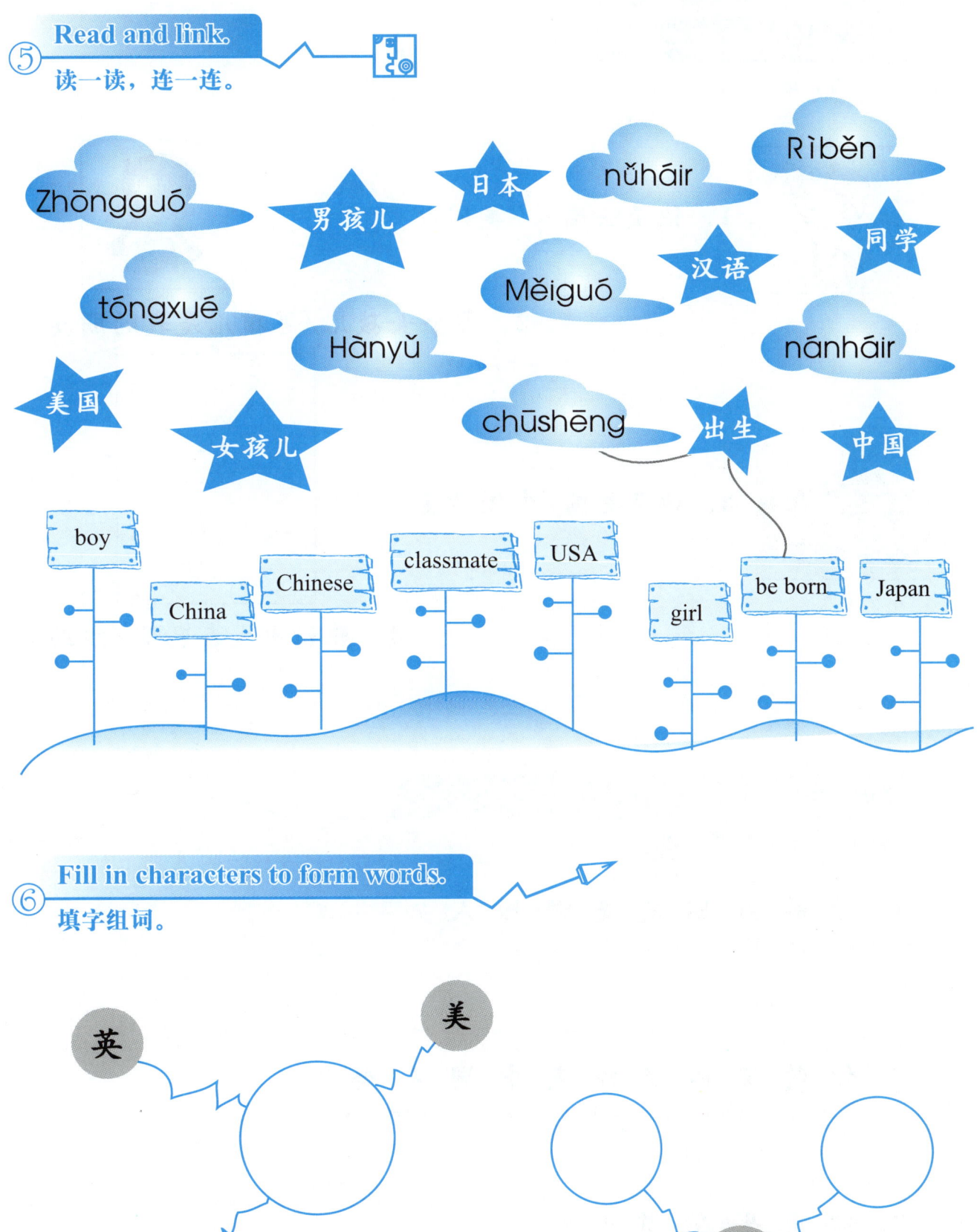

6 Fill in characters to form words.
填字组词。

Look and choose.

⑦ 看一看，选一选。

1. 他是法国人/美国人。

2. 那个女孩儿/男孩儿是我的朋友。

3. 他是美国/中国学生。

4. 姐姐出生在巴黎/纽约。

Answer the questions based on the facts.

⑧ 根据实际情况回答问题。

1. 你的好朋友是哪国人？
   Nǐ de hǎo péngyou shì nǎ guó rén?

2. 你的汉语老师是中国人吗？
   Nǐ de Hànyǔ lǎoshī shì Zhōngguórén ma?

3. 你出生在哪儿？
   Nǐ chūshēng zài nǎr?

⑨ Ask and fill in the blanks.
问一问，完成短文。

我的汉语老师姓 _____，_____ 老师是 _____
Wǒ de Hànyǔ lǎoshī xìng   lǎoshī shì

人。他/她出生在 _____。_____ 老师眼睛 _____，
rén. Tā/tā chūshēng zài   lǎoshī yǎnjing

头发 _____，个子 _____。
tóufa   gèzi

我的好朋友叫 _____，他/她是 _____ 人，他/
Wǒ de hǎo péngyou jiào   tā/tā shì   rén tā/

她出生在 _____。
tā chūshēng zài

⑩ Translate the following sentences into English.
把下列句子译成英语。

1. 你是哪国人？
   Nǐ shì nǎ guó rén?

   _____

2. 我是美国人。
   Wǒ shì Měiguórén.

   _____

3. 那个男孩儿是我的同学。
   Nàge nánháir shì wǒ de tóngxué.

   _____

4. 我出生在中国。
   Wǒ chūshēng zài Zhōngguó.

   _____

Count the strokes of the characters and link.
数一数汉字的笔画，连一连。

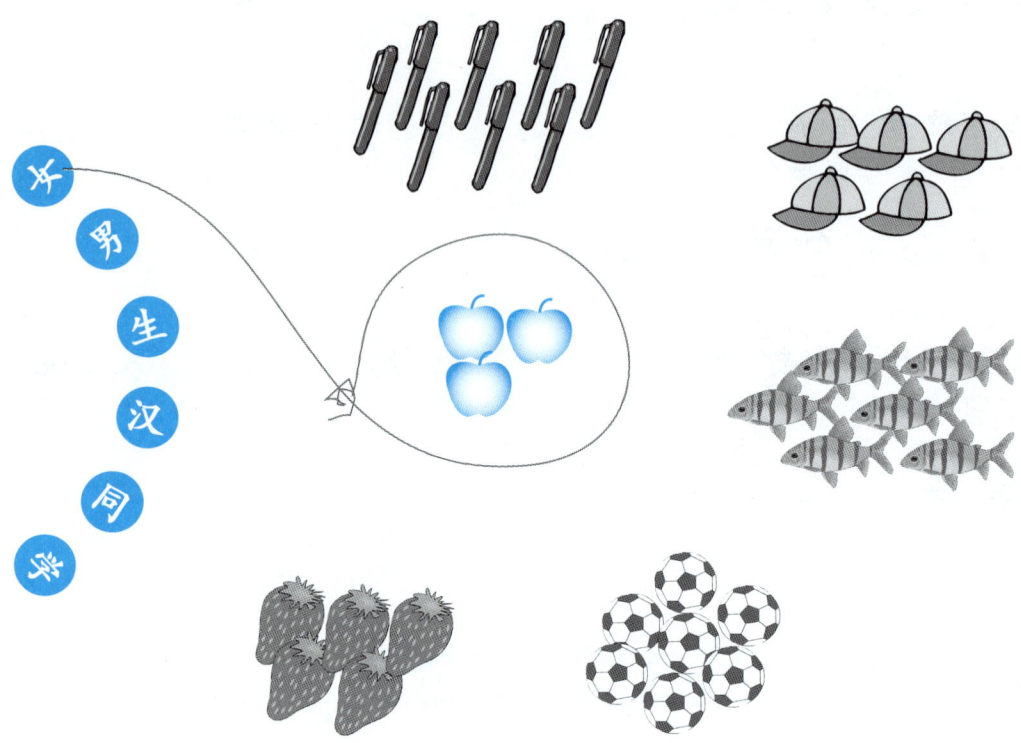

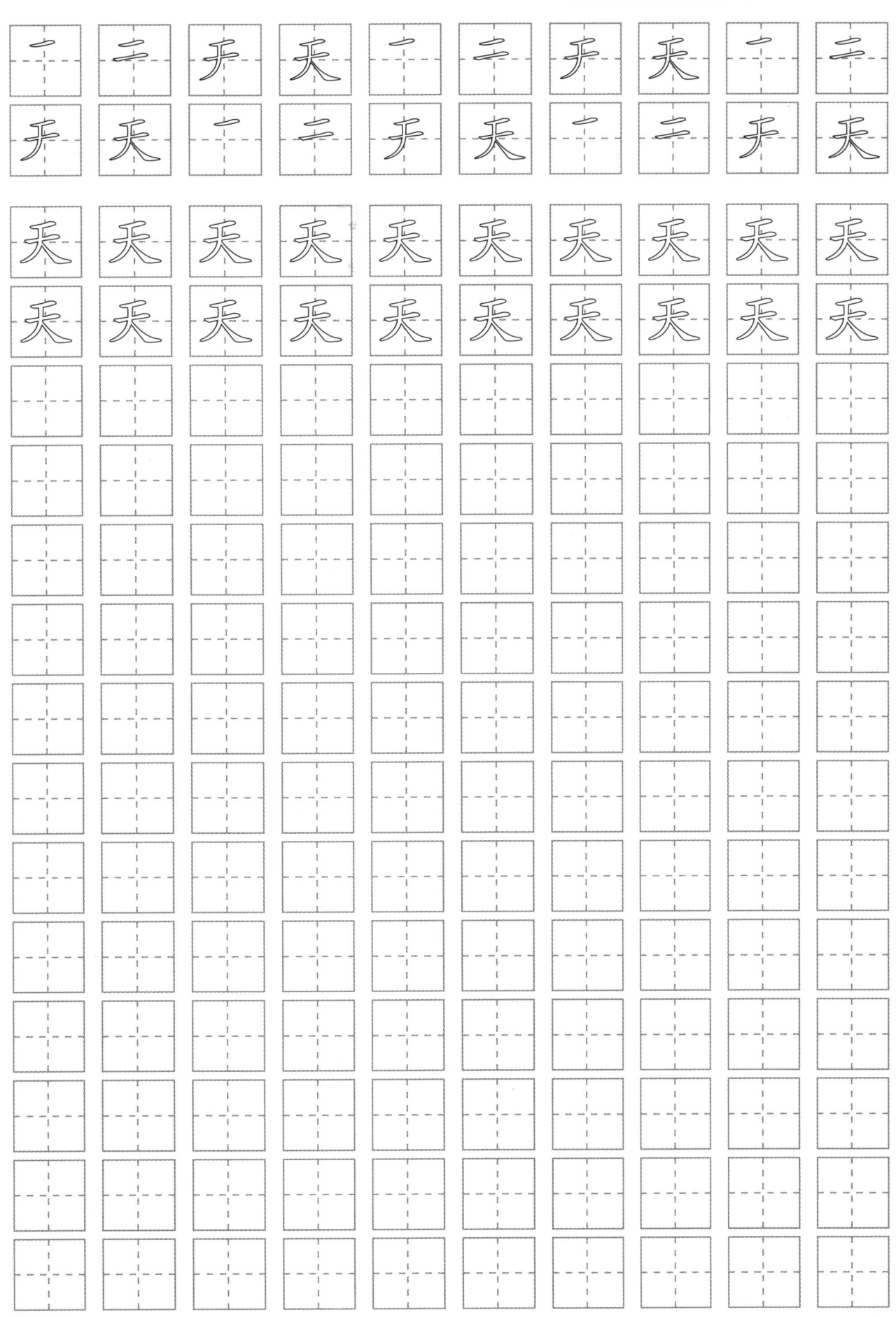

Lesson 1 | I was born in America

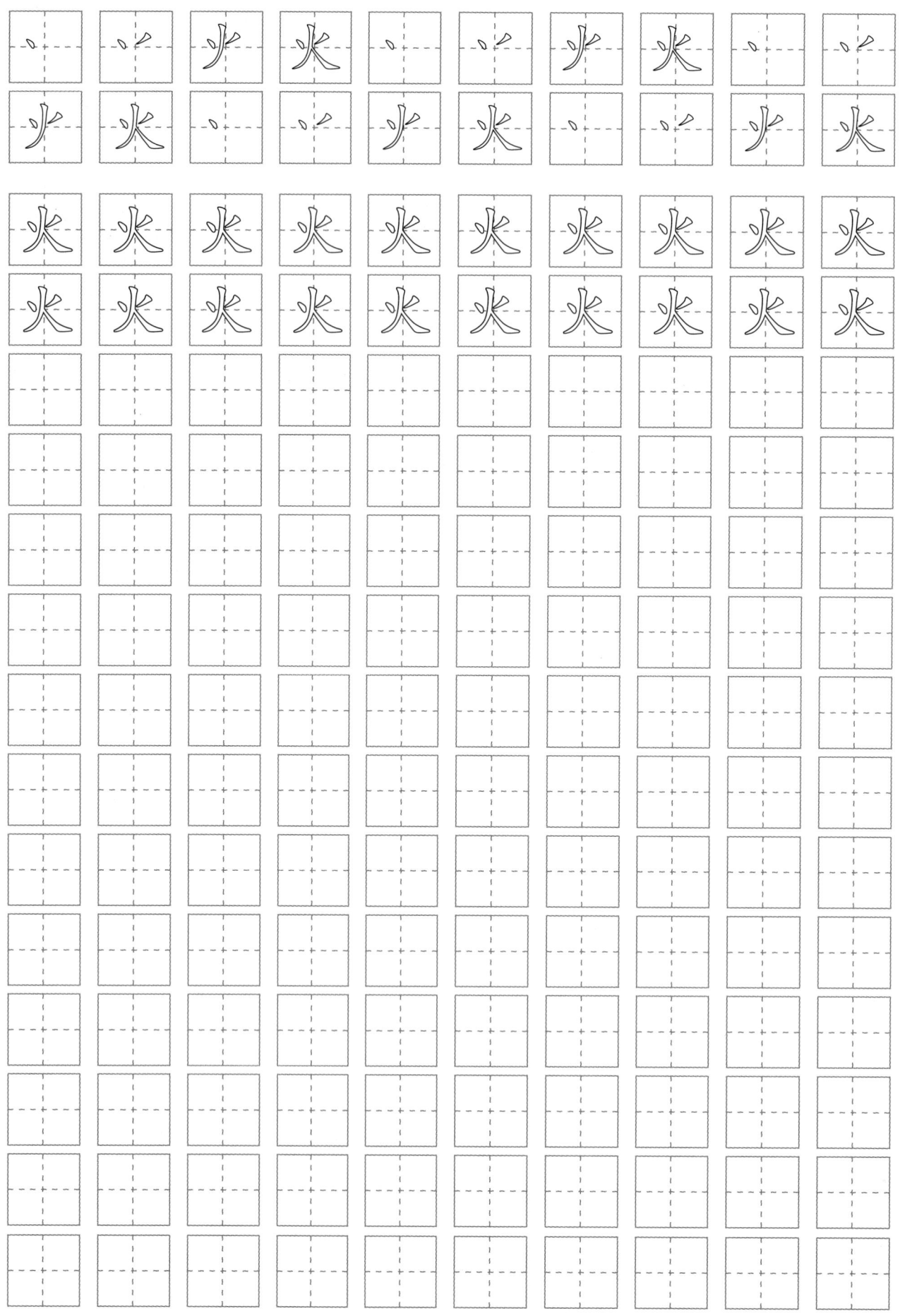

Lesson 2 他今年十六岁

1 Circle the words you hear.
圈出你听到的词语。

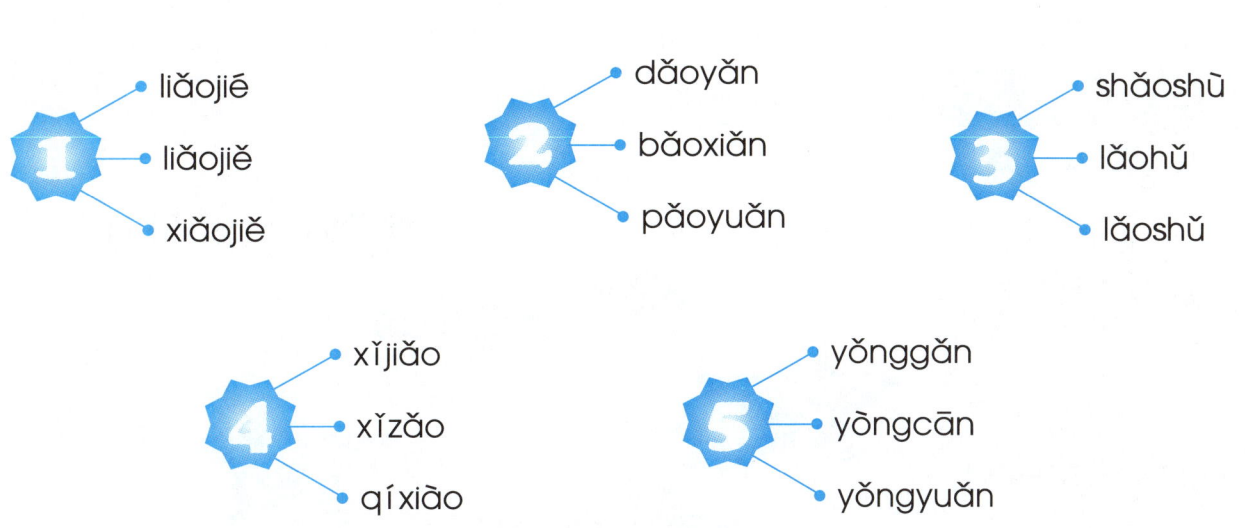

1. liǎojiě / liǎojiě / xiǎojiě
2. dǎoyǎn / bǎoxiǎn / pǎoyuǎn
3. shǎoshù / lǎohǔ / lǎoshǔ
4. xǐjiǎo / xǐzǎo / qíxiào
5. yǒnggǎn / yòngcān / yǒngyuǎn

2 Listen to the recording and fill in the finals.
听录音，填写韵母。

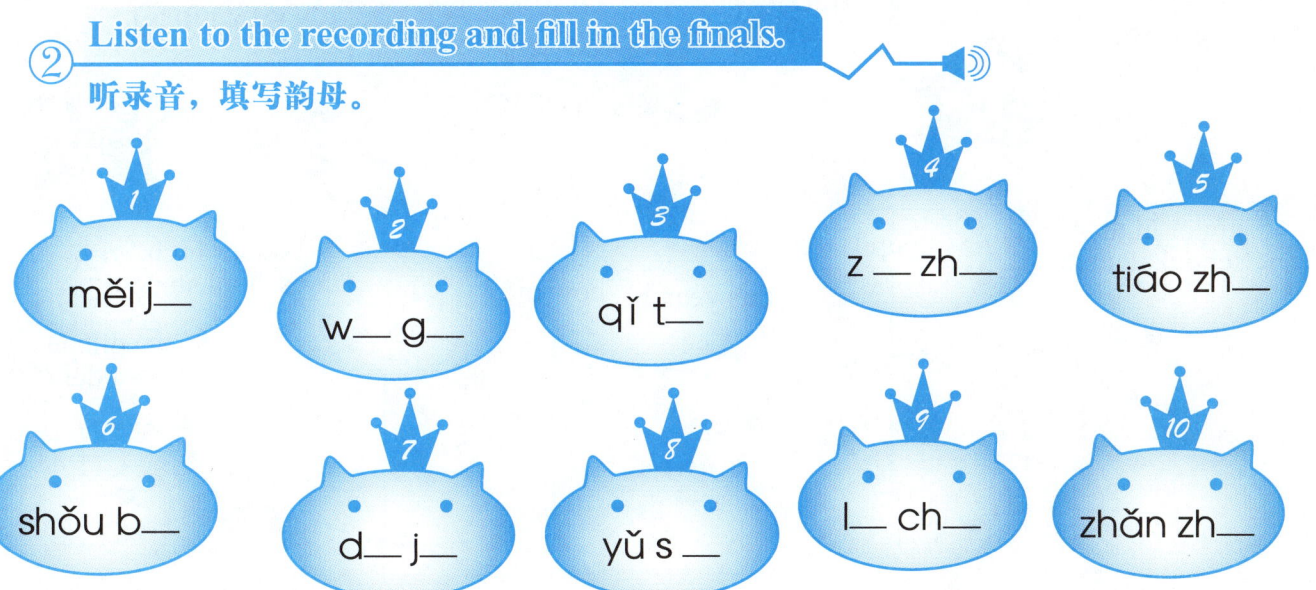

1. měi j__
2. w__ g__
3. qǐ t__
4. z__ zh__
5. tiáo zh__
6. shǒu b__
7. d__ j__
8. yǔ s__
9. l__ ch__
10. zhǎn zh__

3. Listen to the recording and choose the right answer.
听一听，选择正确答案。

A 女孩儿今年十七岁。   女孩儿今年十一岁。 B

A 她是高中生。   她是大学生。 B

A 她1991年出生。   她1986年出生。 B

4. Read and link.
读一读，连一连。

jīnnián — 今年
chūzhōngshēng — 初中生
duō dà — 多大
xiǎoxuéshēng — 小学生
yǒu — 有
dàxuéshēng — 大学生
gāozhōngshēng — 高中生
cōngming — 聪明

junior high school student
pupil
this year
how old
clever
senior high school student
have
college student

Lesson 2 | He is sixteen years old this year

5 Listen and link.
听一听，连一连。

6 Fill in characters to form words.
填字组词。

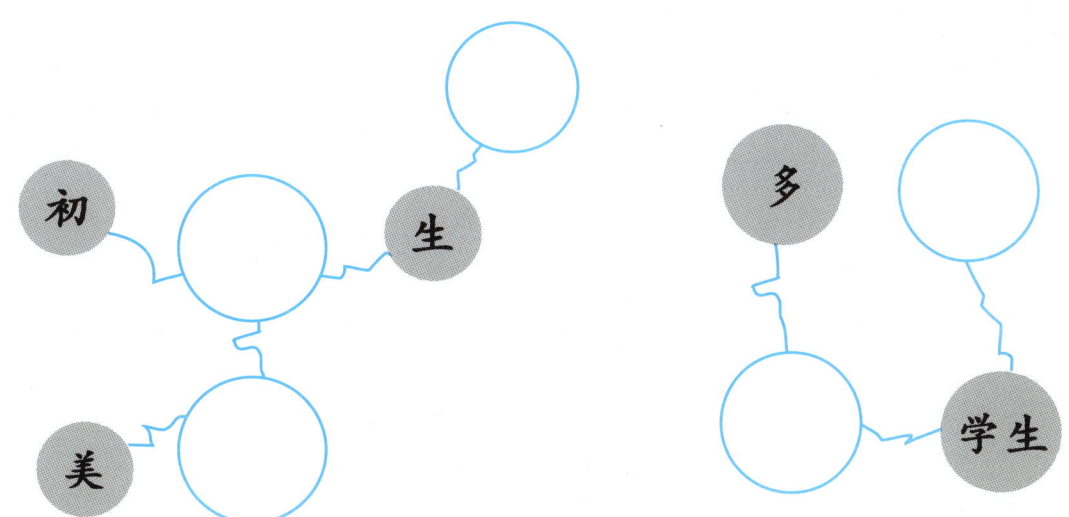

7 Make sentences by using the given words.
连词成句。

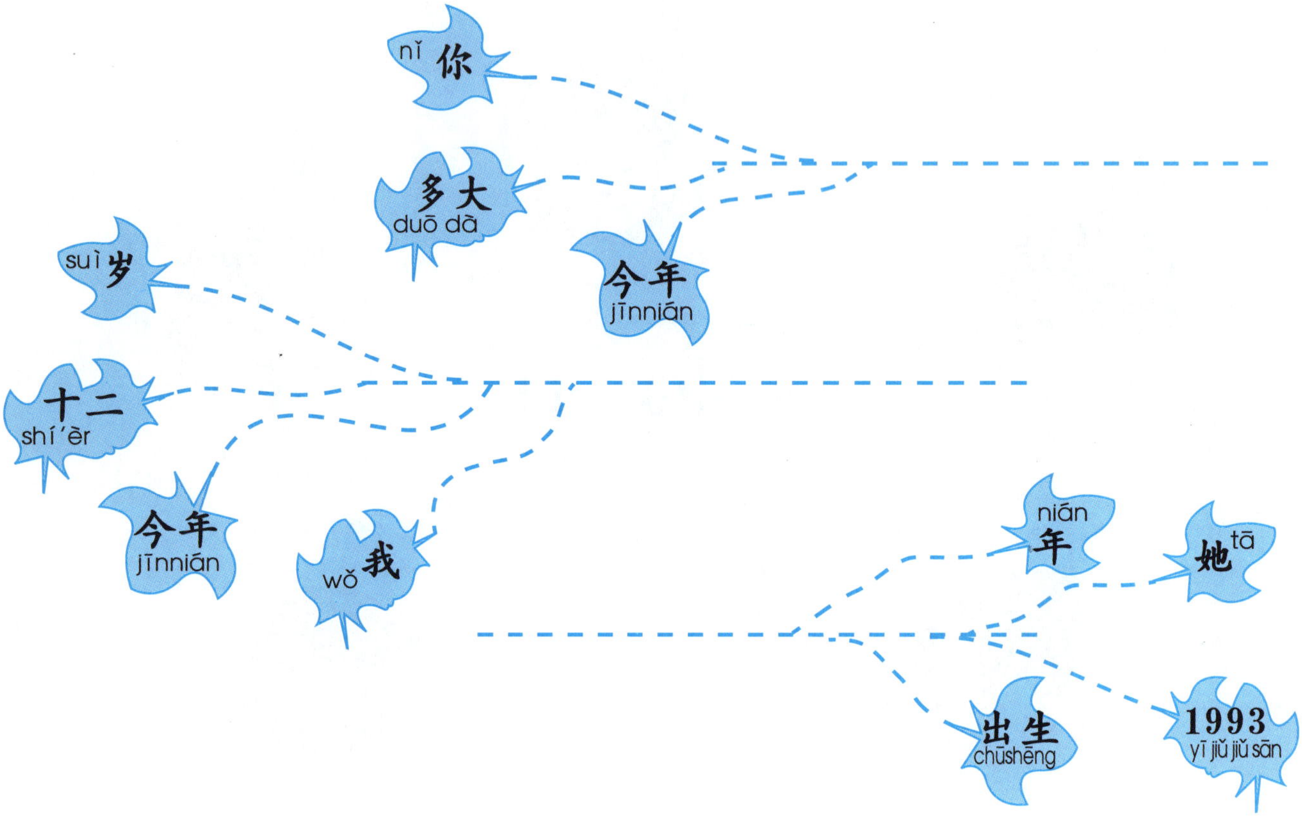

你 nǐ
多大 duō dà
今年 jīnnián
岁 suì
十二 shí'èr
今年 jīnnián
我 wǒ
年 nián
她 tā
出生 chūshēng
1993 yī jiǔ jiǔ sān

8 Introduce yourself using the given structures.
根据下面的结构向别人介绍自己。

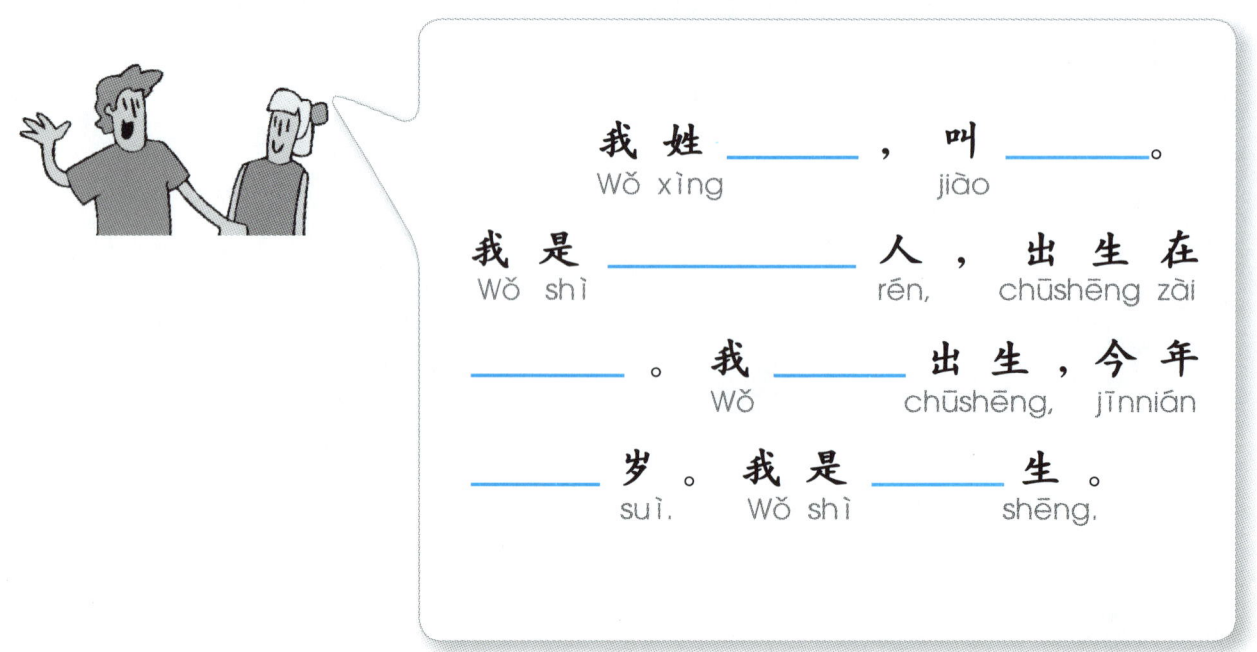

我姓_____，叫_____。
Wǒ xìng   jiào

我是_____人，出生在
Wǒ shì   rén, chūshēng zài

_____。我_____出生，今年
              Wǒ   chūshēng, jīnnián

_____岁。我是_____生。
       suì. Wǒ shì   shēng.

Lesson 2 — He is sixteen years old this year

9 Translate the following sentences into English.
把下列句子译成英语。

1. 你今年多大？
   Nǐ jīnnián duō dà?

   _____

2. 我今年十六岁。
   Wǒ jīnnián shíliù suì.

   _____

3. 我哥哥是大学生。
   Wǒ gēge shì dàxuéshēng.

   _____

4. 我1990年出生。
   Wǒ yī jiǔ jiǔ líng nián chūshēng.

   _____

10 Form characters with the given components.
组汉字。

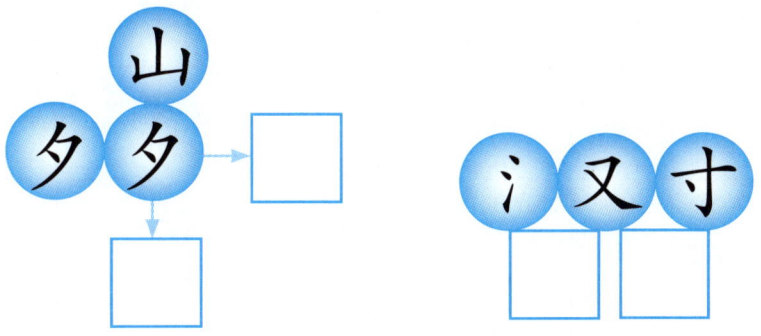

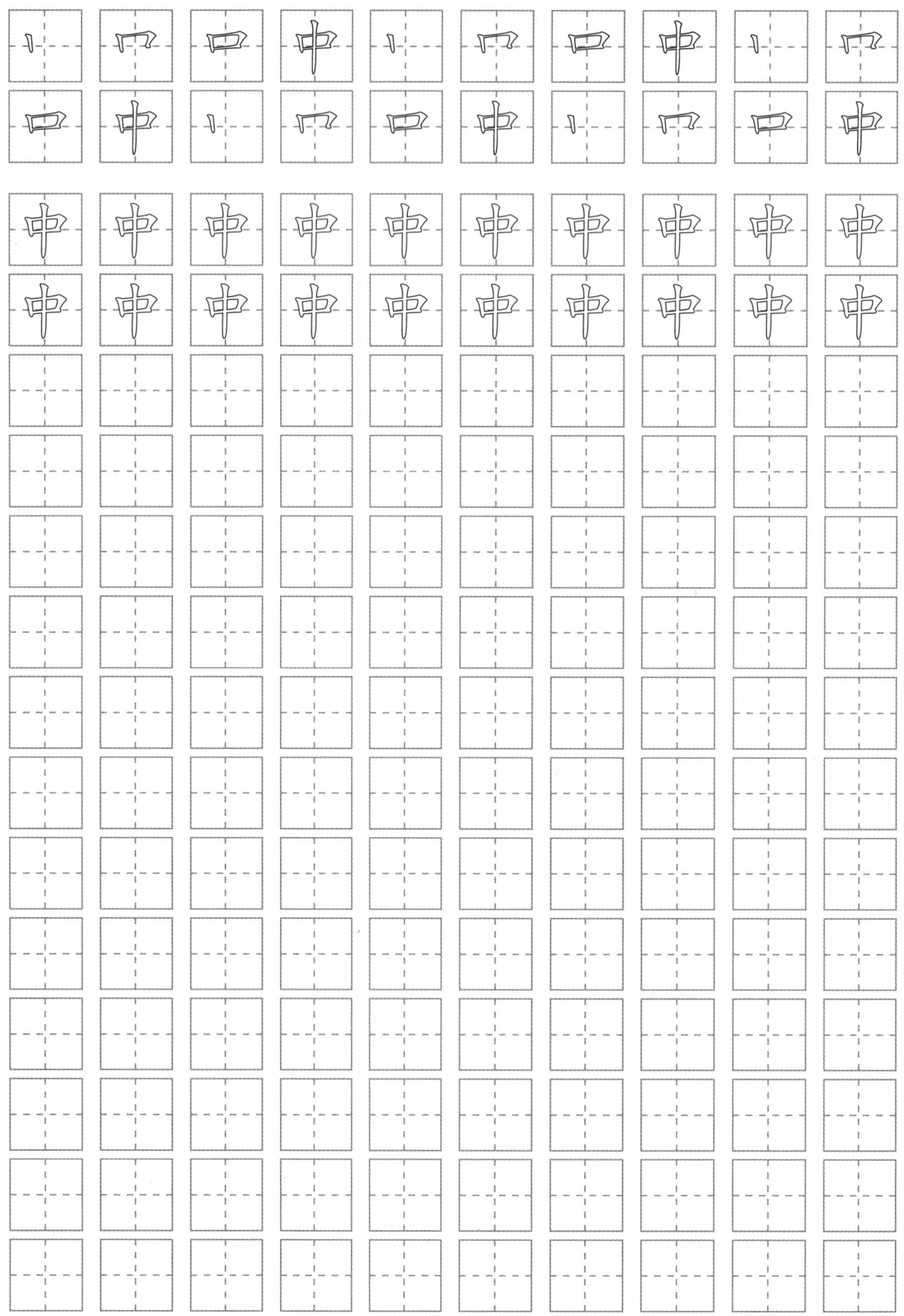

Lesson 2 | He is sixteen years old this year

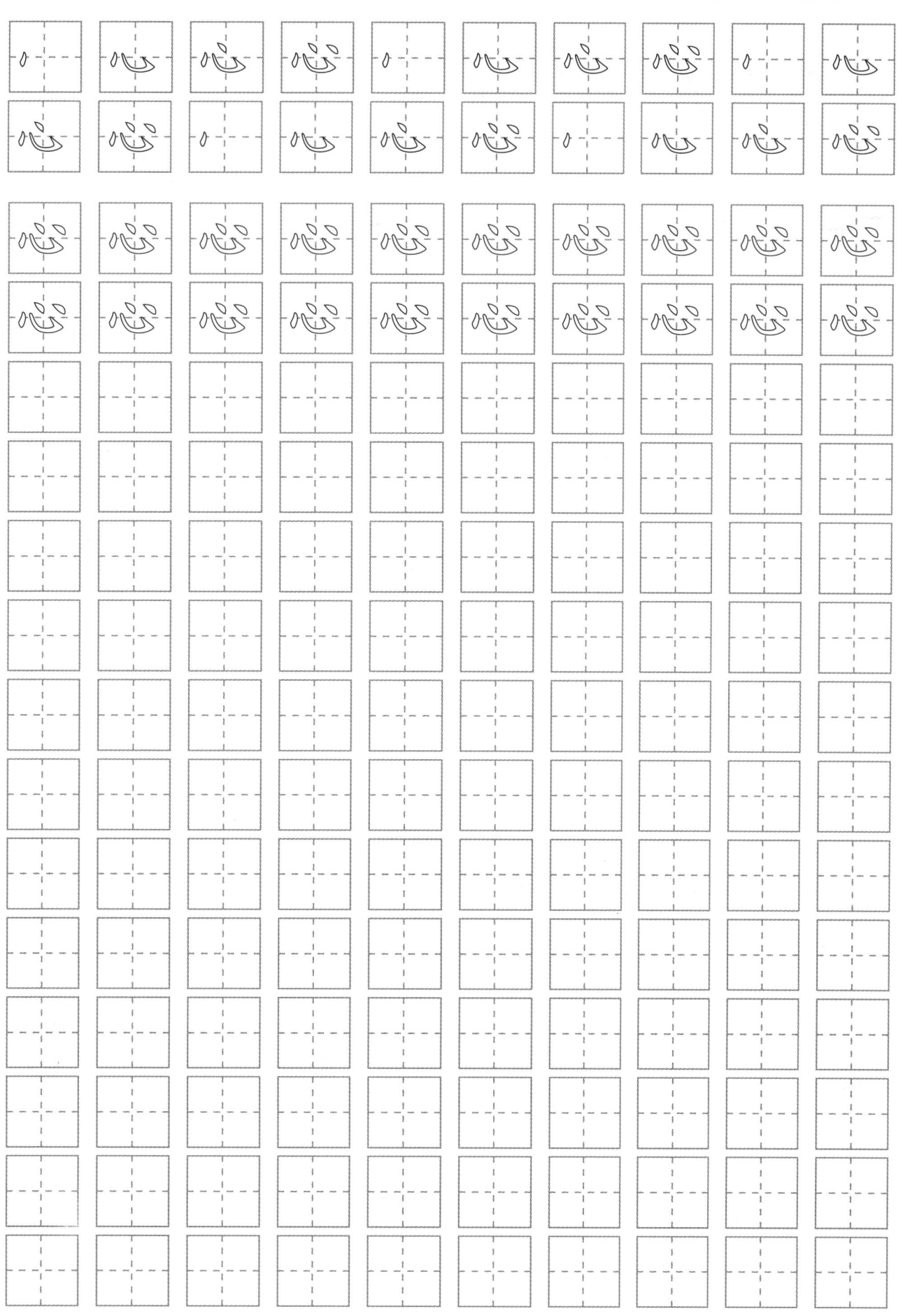

15

Lesson 3

你喜欢吃什么?

① **Circle the words you hear.**
圈出你听到的词语。

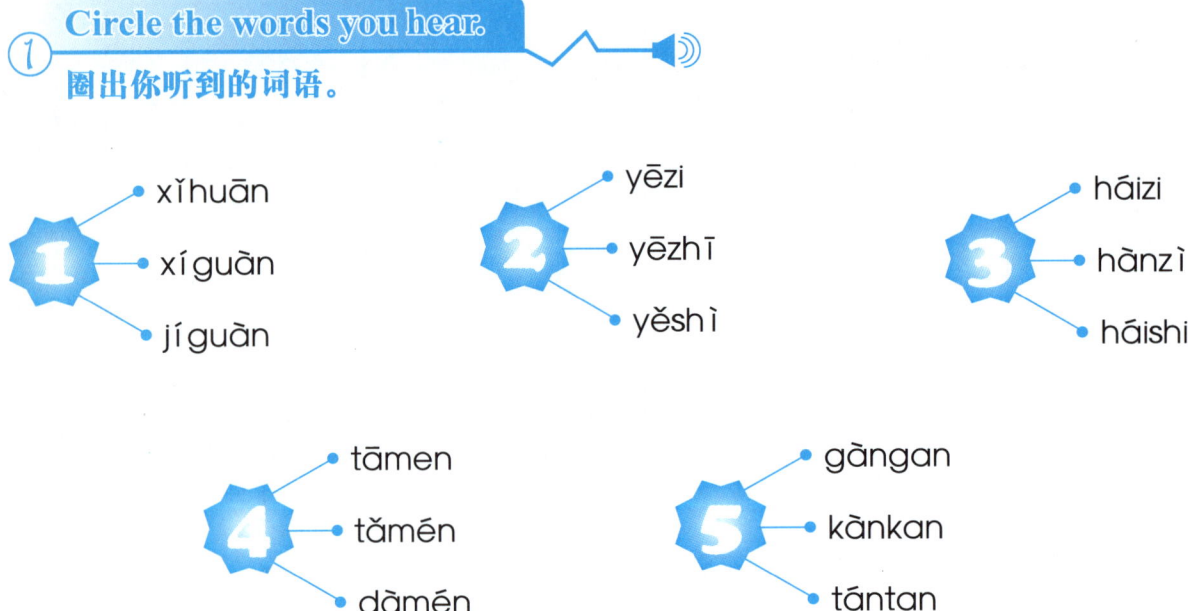

1. xǐhuān / xíguǎn / jíguǎn
2. yēzi / yēzhī / yěshì
3. háizi / hànzì / háishi
4. tāmen / tǎmén / dǎmén
5. gàngan / kànkan / tántan

② **Listen to the recording and fill in the syllables.**
听录音,填写音节。

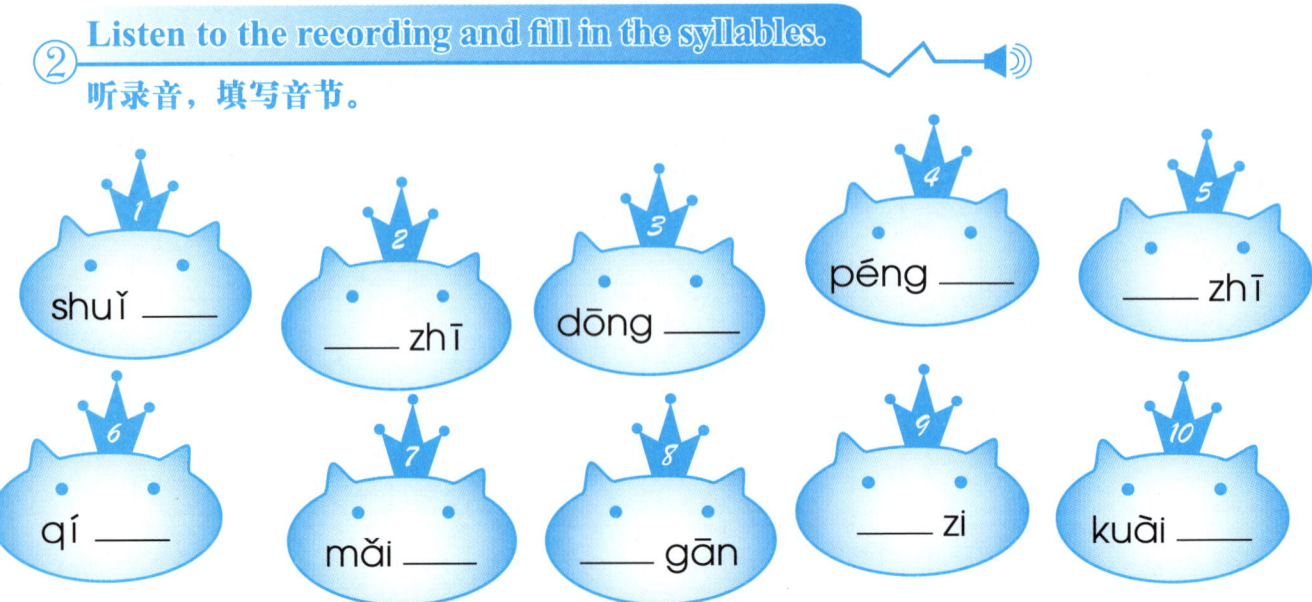

1. shuǐ ___
2. ___ zhī
3. dōng ___
4. péng ___
5. ___ zhī
6. qí ___
7. mǎi ___
8. ___ gān
9. ___ zi
10. kuài ___

Lesson 3 What do you like to eat?

③ Listen to the recording and draw a picture of the food based on what you hear.

听一听，画出你听到的食品。

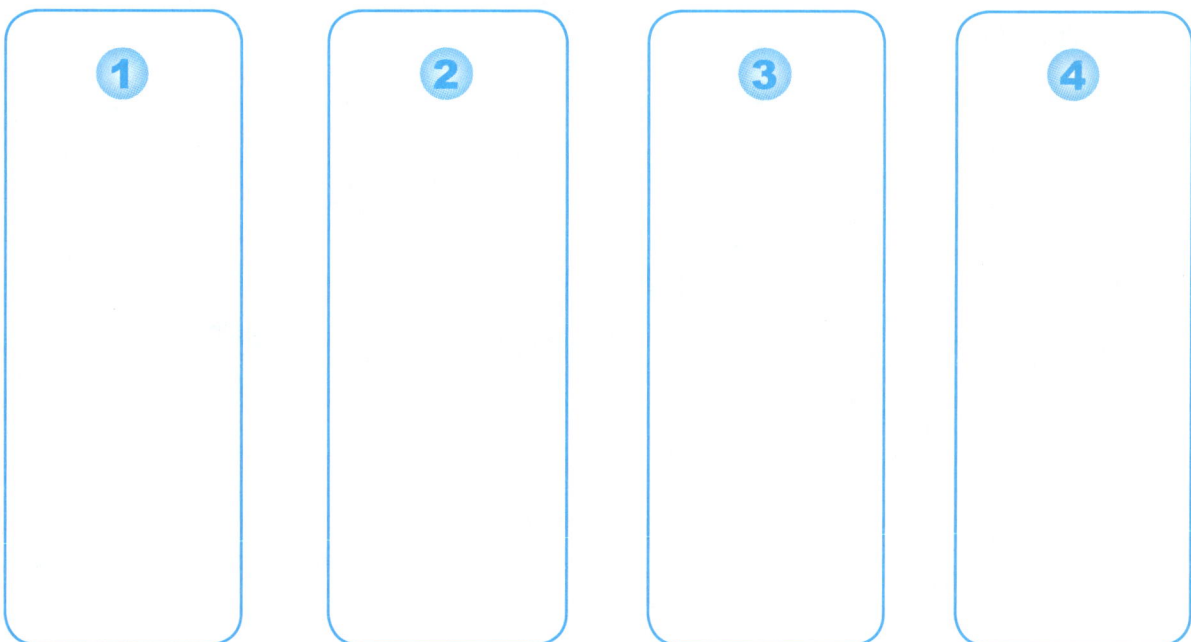

④ Listen to the recording and choose the food and drinks based on what you hear.

听一听，从下图中选出你听到的食品。

5 Read and link.
读一读，连一连。

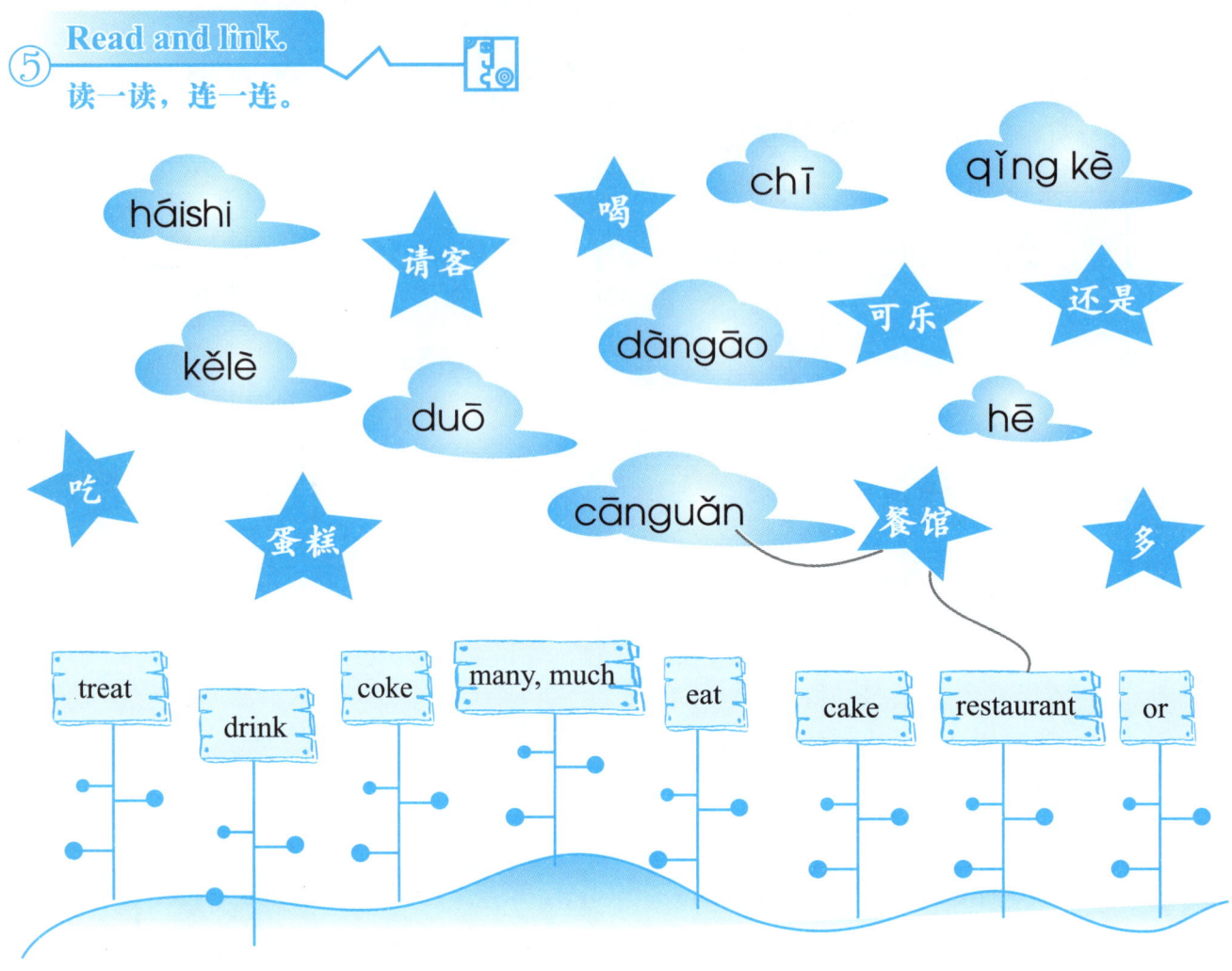

6 Read and divide the following words into two groups.
读一读，把下面的词语分成两类。

蛋糕 dàngāo　可乐 kělè　牛奶 niúnǎi　饺子 jiǎozi　汉堡 hànbǎo　橙汁 chéngzhī　苹果汁 píngguǒzhī

吃　　　　　　　喝

（ dàngāo ）

Lesson 3　What do you like to eat?

7 Ask and then fill in the blanks.
问一问，写出答案。

例	你喜欢吃什么？	我喜欢吃<u>橙子</u>。 我的朋友叫<u>飞飞</u>，他/她喜欢吃<u>蛋糕</u>。 我爸爸喜欢吃<u>西瓜</u>。 我妈妈喜欢吃<u>菠萝</u>。
	你喜欢喝可乐吗？	我_____喝可乐。 我的朋友叫_____，他/她_____喝可乐。 我爸爸_____喝可乐。 我妈妈_____喝可乐。
	你喜欢喝咖啡还是喜欢喝茶？	我喜欢喝_____。 我的朋友叫_____，他/她喜欢喝_____。 我爸爸喜欢喝_____。 我妈妈喜欢喝_____。
	你不喜欢吃什么？	我不喜欢吃_____。 我的朋友叫_____，他/她不喜欢吃_____。 我爸爸不喜欢吃_____。 我妈妈不喜欢吃_____。

19

8. Translate the following sentences into English.
把下列句子译成英语。

1. 我 请 客。
   Wǒ qǐng kè.

   _____

2. 我 不 喜 欢 喝 牛 奶。
   Wǒ bù xǐhuan hē niúnǎi.

   _____

3. 我 喜 欢 吃 橙 子， 也 喜 欢 喝 橙 汁。
   Wǒ xǐhuan chī chéngzi, yě xǐhuan hē chéngzhī.

   _____

4. 你 喜 欢 吃 什 么？ 面 条 还 是 饺 子？
   Nǐ xǐhuan chī shénme? Miàntiáo háishi jiǎozi?

   _____

9. Form characters with the given components.
认一认，组汉字。

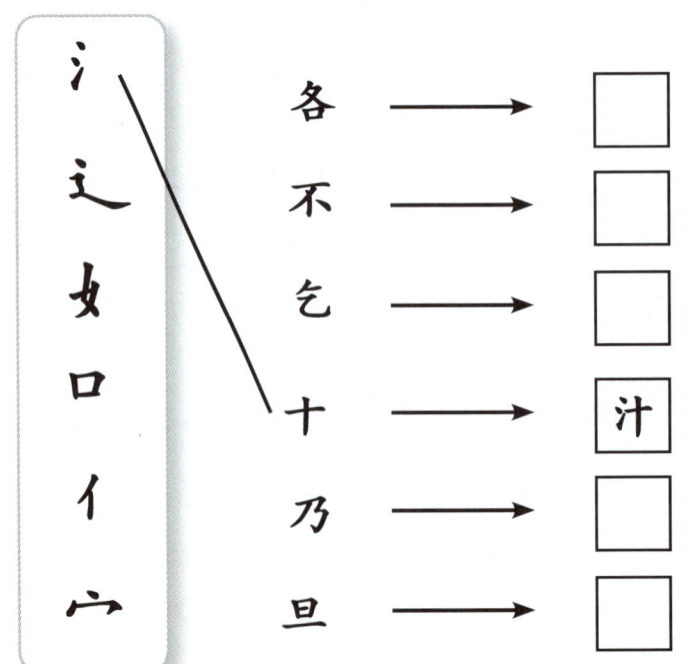

Lesson 3　What do you like to eat?

⑩ **Count the strokes of the characters and link.**
数一数汉字的笔画，连一连。

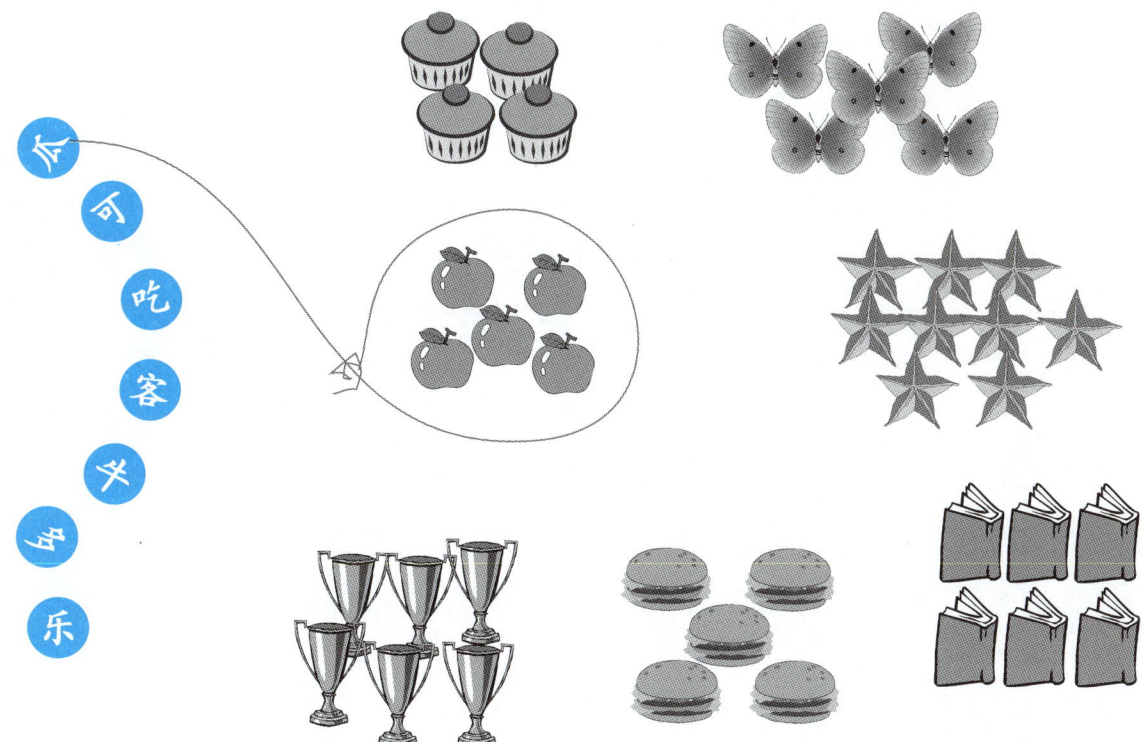

⑪ **Read and type the words marked with dots.**
读一读，试着在电脑上输入下列句子中加点的字。

1．我请客。

2．我喜欢吃蛋糕。

3．我吃面条。

4．我喝咖啡。

21

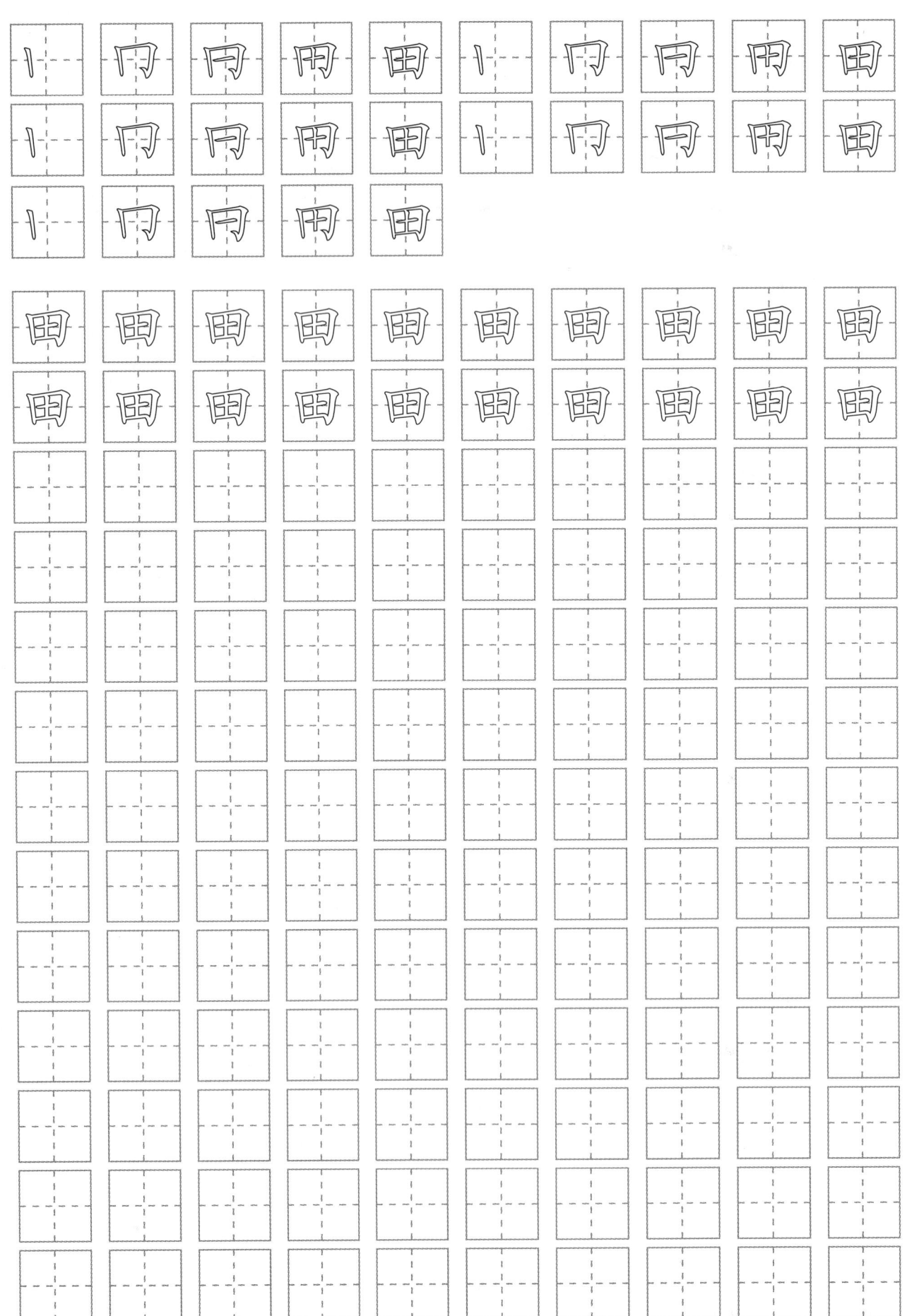

Lesson 3 | What do you like to eat?

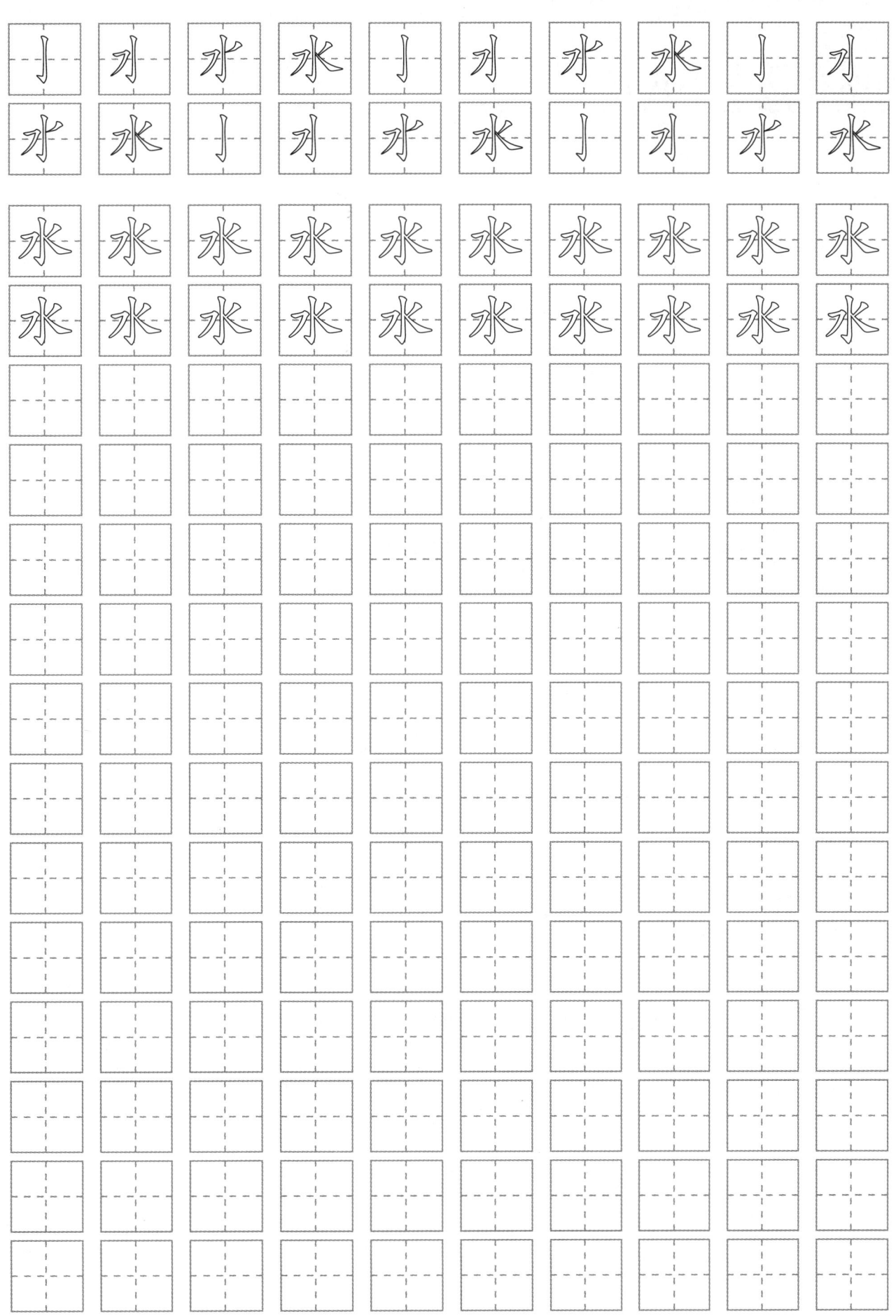

Lesson 4

纽约现在是上午八点

1. Circle the words you hear.
圈出你听到的词语。

1. dìdāo / dìdao / tídāo
2. shāngtou / shāntóu / shàngtóu
3. dàyi / dàyí / dàyī
4. bāozi / páozi / bàozi
5. wénzi / wénzì / qúnzi

2. Listen to the recording and fill in the syllables.
听录音，填写音节。

1. fū ___
2. fú ___
3. lì ___
4. lì ___
5. bāo ___
6. bāo ___
7. sūn ___
8. sūn ___
9. duì ___
10. duì ___

Lesson 4　It is 8 a.m. New York time

③ Listen to the recording and judge whether the following sentences are the same as what you hear or not.
听一听，看看下面的句子和你听到的一样不一样？

① 现在2：05。
② 现在7：03。
③ 现在5：25。
④ 现在10：45。

④ Read and link.
读一读，连一连。

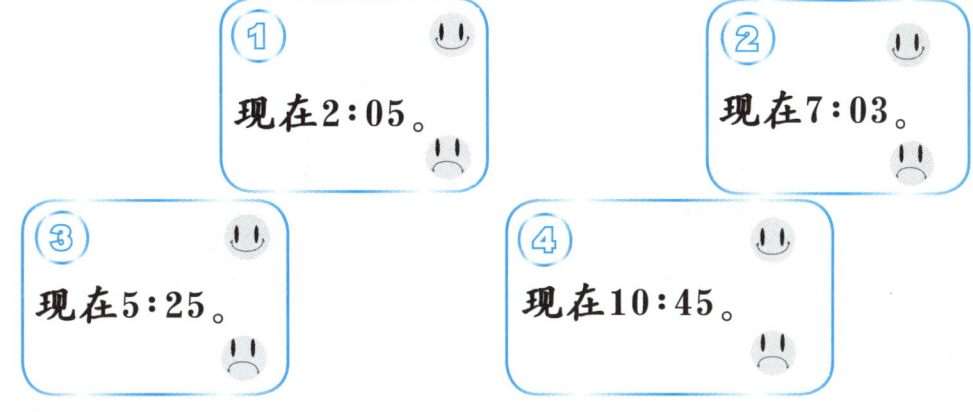

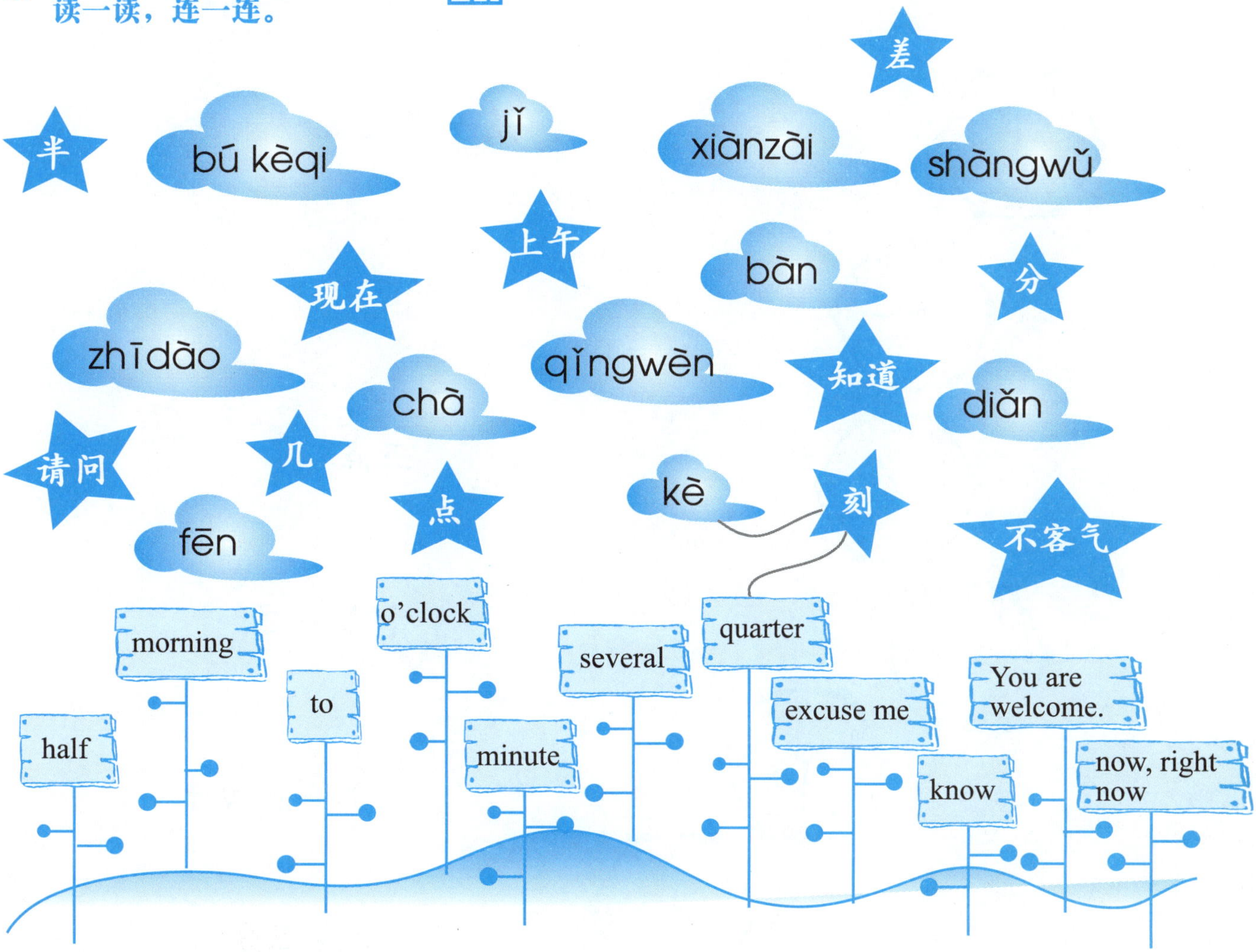

半　bú kèqi　jǐ　xiānzài　差　shàngwǔ
上午　bàn　分
现在　qǐngwèn　知道
zhīdào　chà　diǎn
请问　几　kè　刻　不客气
点　fēn

morning　o'clock　several　quarter　You are welcome.
half　to　minute　excuse me　know　now, right now

⑤ **Fill in characters to form words.**
填字组词。

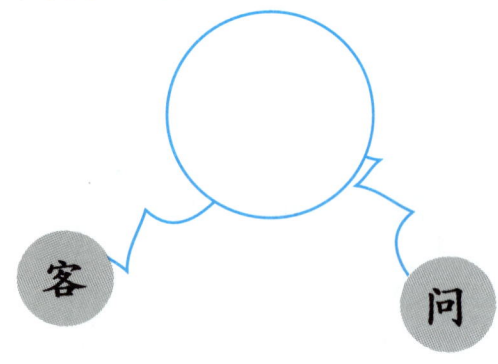
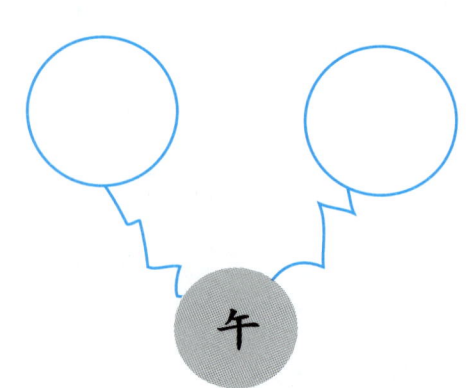

⑥ **Read and link.**
看一看，连一连。

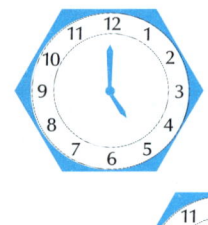   差一刻九点

   十点半

   五点

   十点一刻

                              十一点四十

                              七点五分

Lesson 4 It is 8 a.m. New York time

7 Complete the dialogues according to the pictures.
根据图片完成对话。

1. A：现在几点？
   Xiànzài jǐ diǎn?

   B：_____

2. A：北京现在几点？
   Běijīng xiànzài jǐ diǎn?

   B：早上 _____
   Zǎoshang

3. A：纽约现在几点？
   Niǔyuē xiànzài jǐ diǎn?

   B：上午 _____
   Shàngwǔ

8 Translate the following sentences into English.
把下列句子译成英语。

1. 现在几点？
   Xiànzài jǐ diǎn?

   _____

2. 现在四点五分。
   Xiànzài sì diǎn wǔ fēn.

   _____

3. 现在差十分十点。
   Xiànzài chà shí fēn shí diǎn.

   _____

4. 北京现在是上午九点一刻。
   Běijīng xiànzài shì shàngwǔ jiǔ diǎn yí kè.

   _____

27

5. 洛杉矶现在是晚上八点半。
   Luòshānjī xiànzài shì wǎnshang bā diǎn bàn.

⑨ **Form characters with the given components.**
组汉字。

亻 + 也 ➢ 他   ○ + ○ ➢ 问

○ + ○ ➢ 刻   ○ + ○ ➢ 现

○ + ○ ➢ 请   ○ + ○ ➢ 分

⑩ **Count the strokes of the charaters and link.**
数一数汉字的笔画，连一连。

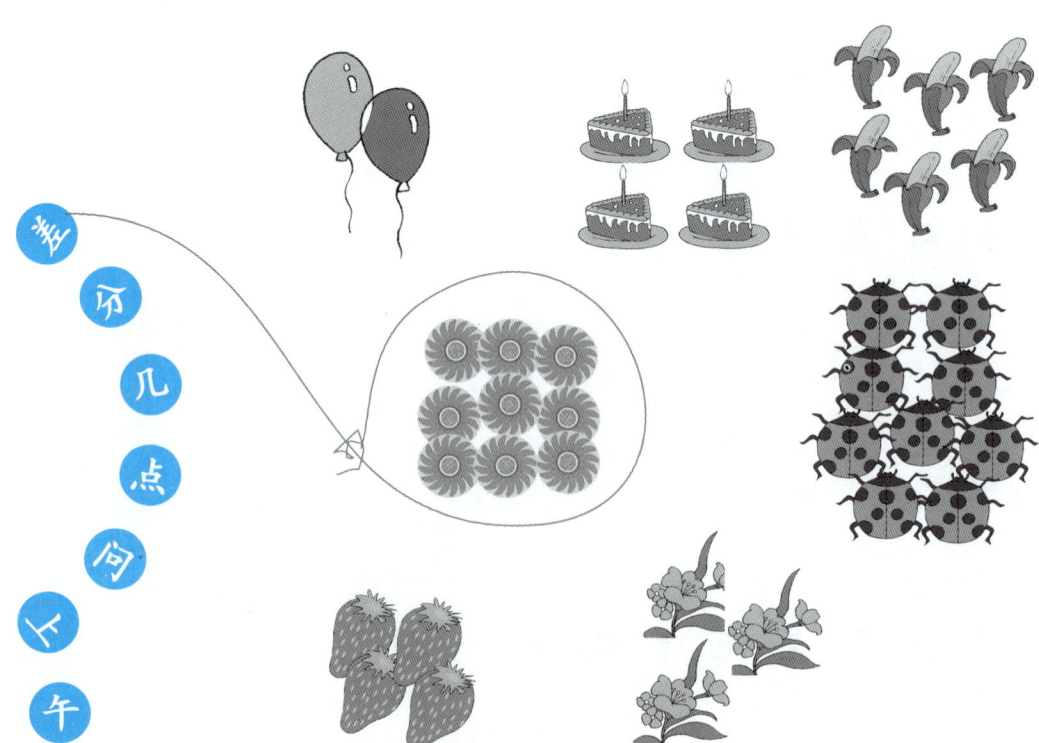

Lesson 4 It is 8 a.m. New York time

11 Read and type the characters in the fourth tone.
读一读，试着在电脑上输入声调是四声的字。

1. 现在几点？

2. 九点半。

3. 六点一刻。

4. 下午两点。

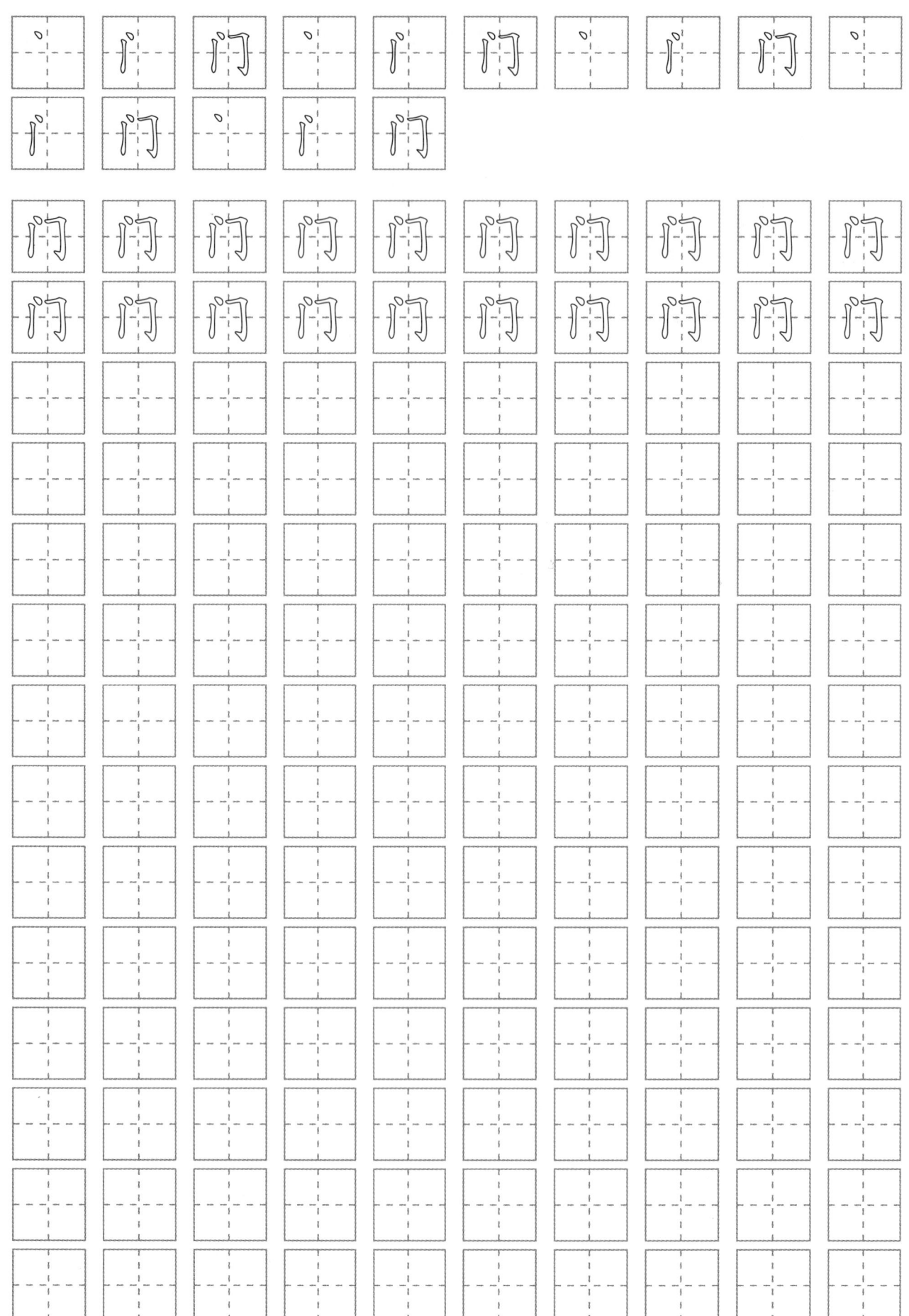

Lesson 4 | It is 8 a.m. New York time

几点下课?

Lesson 5

1 Circle the words you hear.
圈出你听到的词语。

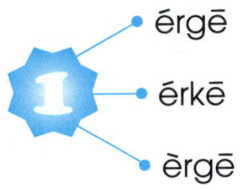
1
- érgē
- érkē
- èrgē

2
- ézi
- érzi
- érshí

3
- shí'ér
- shí'èr
- ērshí

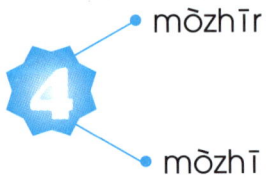
4
- mòzhīr
- mòzhī

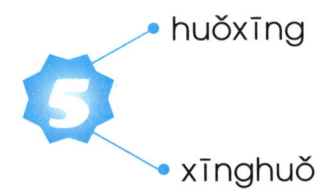
5
- huǒxīng
- xīnghuǒ

2 Listen to the recording and fill in the syllables.
听录音，填写音节。

1
____

2
ěr ____

3
rán ____

4
shuāng ____

5
____ shǒu

6

7
____ tóu

8
jī ____

Lesson 5 When is the class over?

Number the pictures according to the order in which you hear the words and expressions.

③ 根据听到的词语的顺序为图片标上序号。

   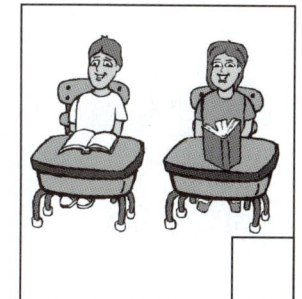

Listen to the recording and draw the hands on the clocks.

④ 听一听，填一填。

起床	上课	回家	洗澡

吃饭	下课	写作业	睡觉

5 Read and link.
读一读，连一连。

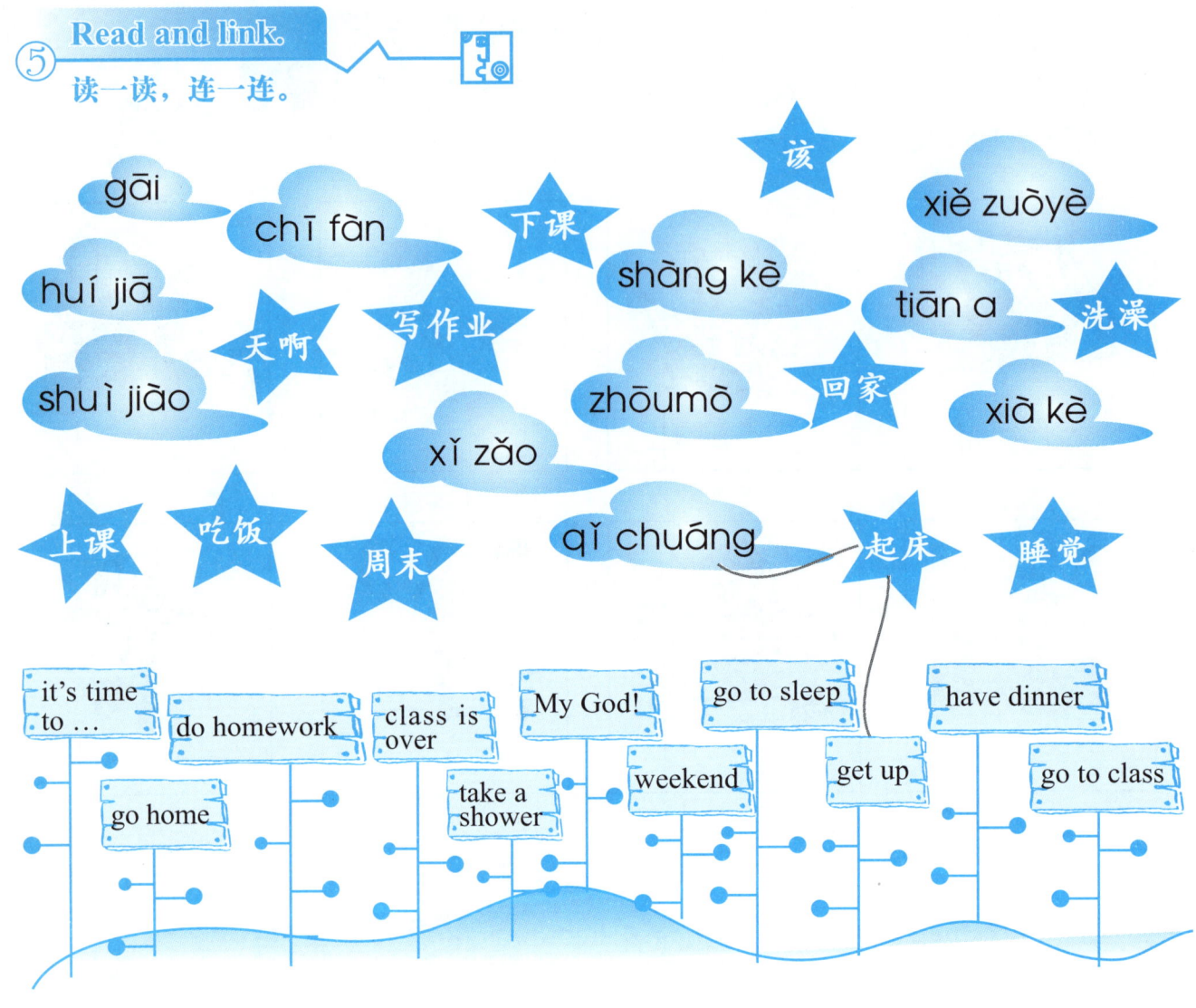

6 Translate the following sentences into English.
把下列句子译成英语。

1. 你几点上课？
   Nǐ jǐ diǎn shàng kè?

   _____

2. 我早上七点半起床。
   Wǒ zǎoshang qī diǎn bàn qǐ chuáng.

   _____

3. 该起床了！
   Gāi qǐ chuáng le!

   _____

⑦ Look at the pictures and complete the sentences.
看图完成句子。

   1．七点了，该起床了。

   2．_____了，该_____了。

   3．_____了，该_____了。

   4．_____了，该_____了。

⑧ Fill in the form according to what happened yesterday.
根据你昨天的情况填作息表。

	起床	吃饭	上课	下课
	回家	写作业	洗澡	睡觉

9 Complete the dialogues.
完成对话。

A：_____?

B：现在七点。
　　Xiànzài qī diǎn.

A：我该起床了。
　　Wǒ gāi qǐ chuáng le.

B：_____?

A：我八点上课。
　　Wǒ bā diǎn shàng kè.

10 Form characters with the given components.
认一认，组汉字。

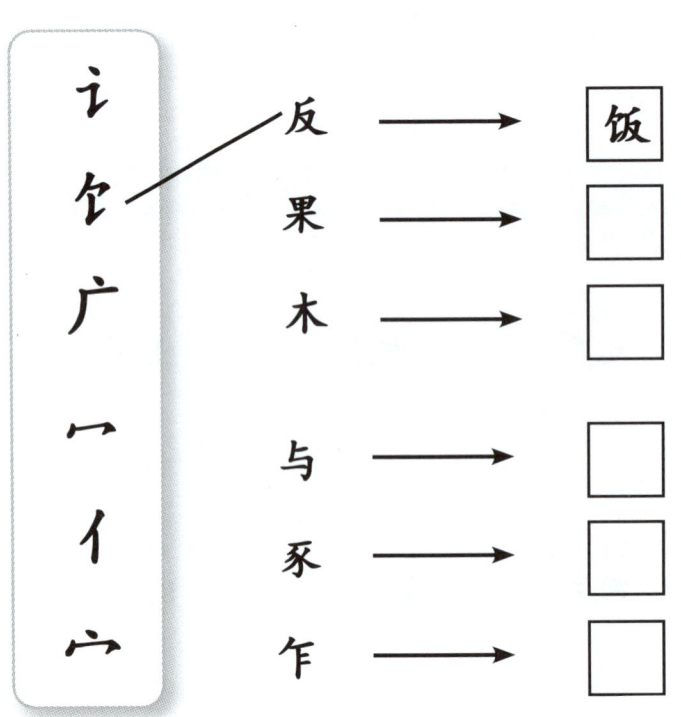

Lesson 5 | When is the class over?

⑪ **Identify the part that the two characters have in common.**
认一认，找出每组汉字相同的部件。

⑫ **Use a computer to write a diary entry according to Exercise 8.**
根据你昨天的作息表（第8题），尽量用汉语在电脑上打一篇日记。

我昨天_____起床，_____

_____

_____

_____。

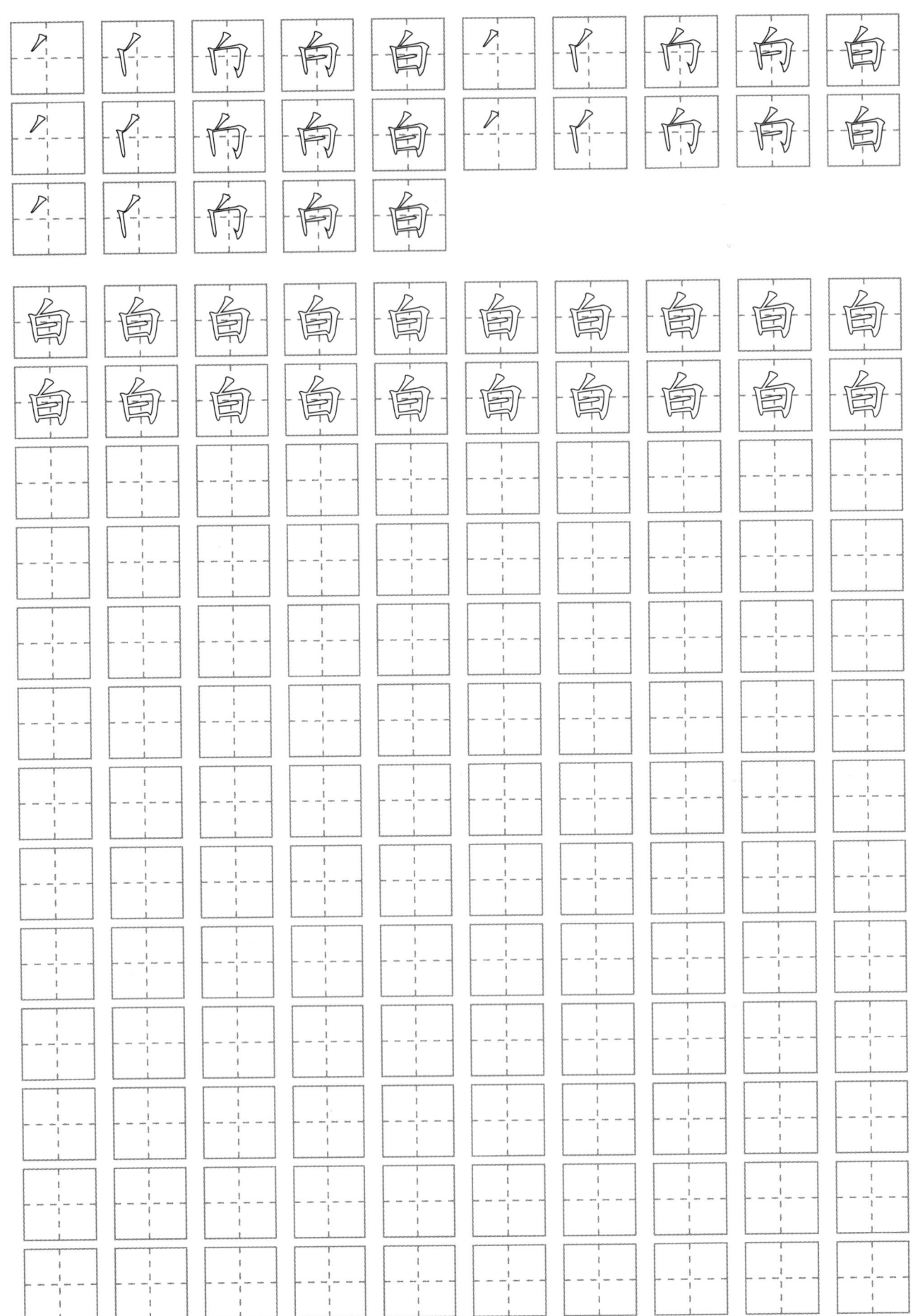

Lesson 5 — When is the class over?

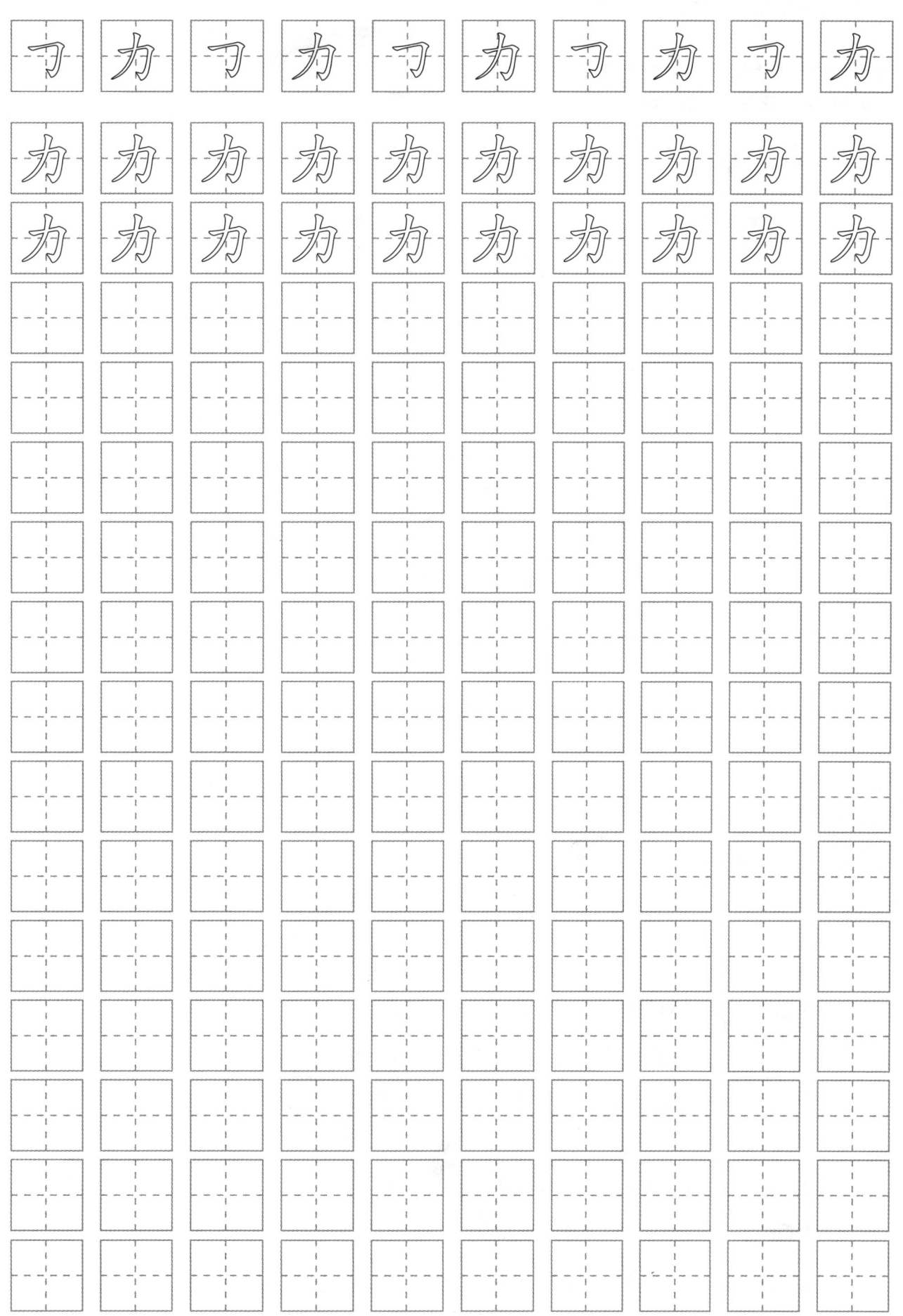

星期几有汉语课？

Lesson 6

① Circle the words you hear.
圈出你听到的词语。

1. tōu / tōur
2. yǎnr / yǎn
3. huǒxīng / huǒxīngr
4. gài / gàir
5. huà / huàr

② Listen to the recording and learn the ballad.
听录音，学童谣。

Yǒu gè xiǎoháir jiào Xiǎolánr,
tiāo zhe shuǐtǒng shàng miàotáir.
Shuāi le gēntou jiǎn le qiánr,
mǎi le yí gè xiǎo fànwǎnr.
Xiǎo fànwǎnr, zhēn hǎowánr,
hóng huā lǜ yè xiāng jīn biānr,
zhōngjiān hái yǒu gè xiǎo hóng diǎnr.

Lesson 6 | When do you have Chinese classes?

③ **Listen to the recording and choose the picture based on what you hear.**
听一听，选出你听到的图片。

④ **Listen to the recording and judge whether the following sentences are the same as what you hear or not.**
听一听，看看下面的句子和你听到的一样不一样？

① 他今天有四节课。 ② 他今天没有数学课。

③ 他今有汉语课。

⑤ **Choose one from A or B and then compose dialogues with the sentence you hear.**
听一听，从A、B中选择一个和你听到的句子组成对话。

例：（现在几点？） A 我七点上课。 现在七点半。B

1. A 没有。 星期三。B

2. A 六节。 艺术课。B

3. A 星期五。 四节。B

6 Read and link.
读一读，连一连。

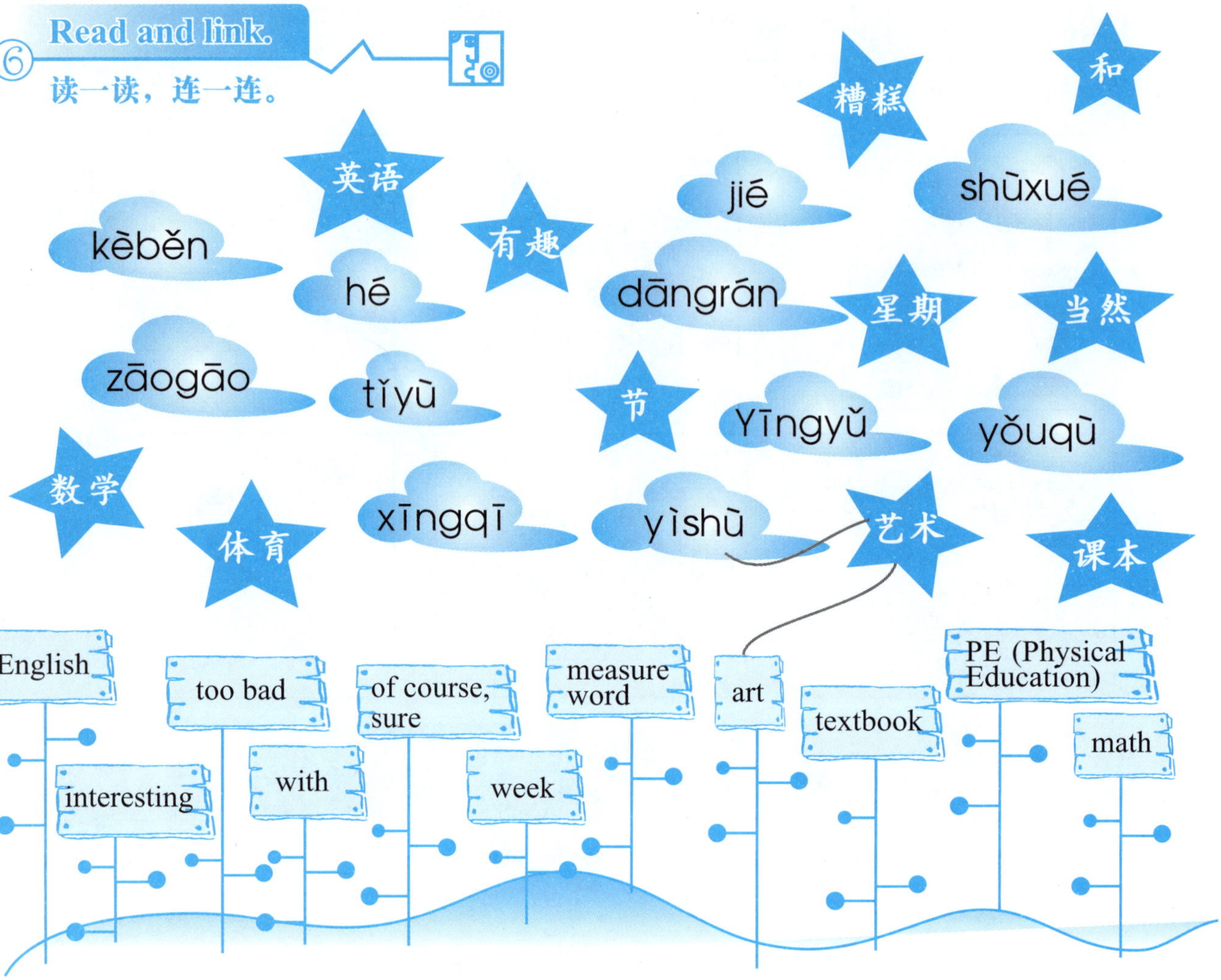

- 英语 — Yīngyǔ — English
- 课本 — kèběn — textbook
- 有趣 — yǒuqù — interesting
- 糟糕 — zāogāo — too bad
- 和 — hé — with
- 节 — jié — measure word
- 当然 — dāngrán — of course, sure
- 星期 — xīngqī — week
- 艺术 — yìshù — art
- 数学 — shùxué — math
- 体育 — tǐyù — PE (Physical Education)

7 Fill in characters to form words.
填字组词。

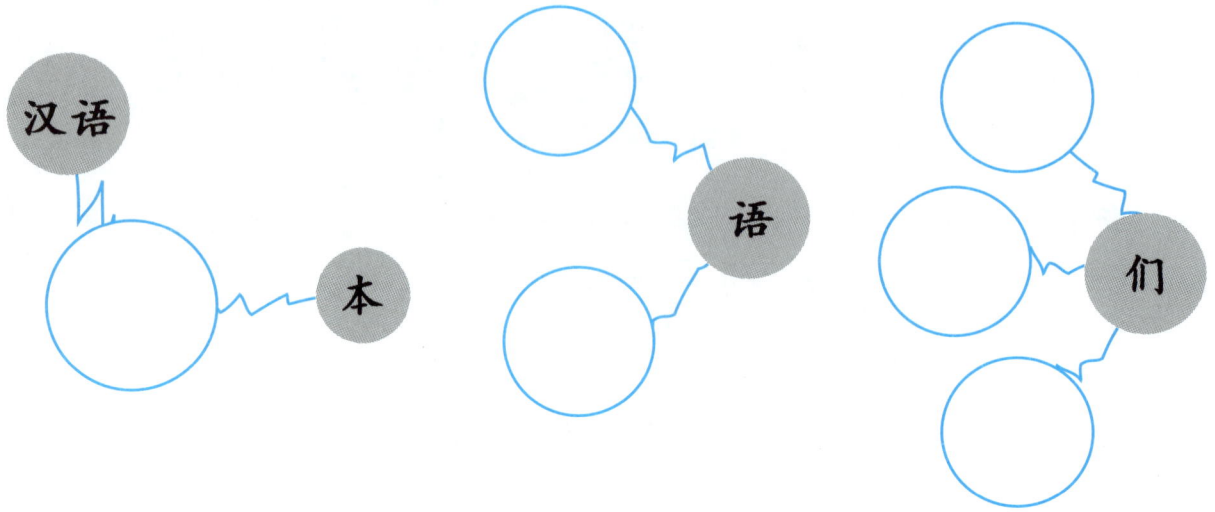

Lesson 6 — When do you have Chinese classes?

8 Identify the word that is different from the rest of the group.

从每组词中选出一个你认为不同的词。

漂亮 piàoliang 糟糕 zāogāo
聪明 cōngming 有趣 yǒuqù

汉语 Hànyǔ
艺术 yìshù
英语 Yīngyǔ
西班牙语 Xībānyáyǔ

数学 shùxué 体育 tǐyù
课本 kèběn 汉语 Hànyǔ

9 Translate the following sentences into English.

把下列句子译成英语。

1. 星期一我有汉语课。
   Xīngqīyī wǒ yǒu Hànyǔ kè.

2. 星期五下午我没有课。
   Xīngqīwǔ xiàwǔ wǒ méiyǒu kè.

3. 你星期几有汉语课？
   Nǐ xīngqī jǐ yǒu Hànyǔ kè?

4. 你一个星期有几节汉语课？
   Nǐ yí gè xīngqī yǒu jǐ jié Hànyǔ kè?

10 Fill in the form according to the classes you have every week.
根据自己的情况填课程表。

		星期一	星期二	星期三	星期四	星期五
上午	一					
	二					
	三					
	四					
	五					
下午	六					
	七					
	八					

11 Answer the questions based on facts.
根据实际情况回答问题。

1. 你一个星期有几节汉语课？
   Nǐ yí ge xīngqī yǒu jǐ jié Hànyǔ kè?

2. 你星期几有汉语课？
   Nǐ xīngqī jǐ yǒu Hànyǔ kè?

3. 你喜欢什么课？
   Nǐ xǐhuan shénme kè?

4. 你的汉语课本有趣吗？
   Nǐ de Hànyǔ kèběn yǒuqù ma?

Lesson 6 | When do you have Chinese classes?

⑫ **Identify the part that the two characters have in common.**
认一认，找出每组汉字相同的部件。

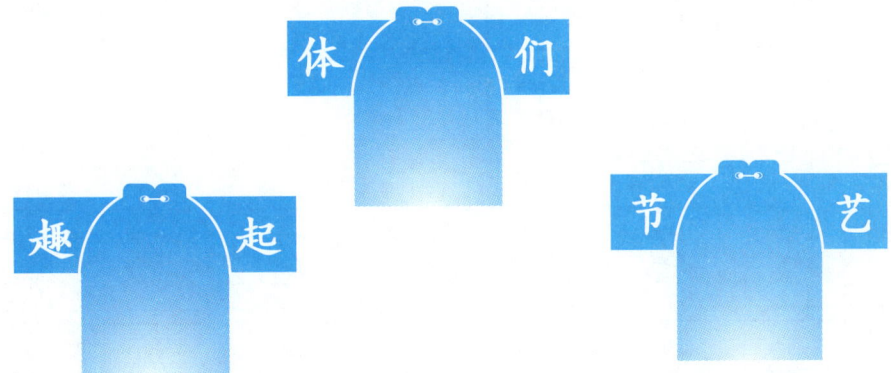

⑬ **Add one stroke to the given character and make it into another character.**
试一试在下面的汉字上加上一笔，让它变成另一个字。

木

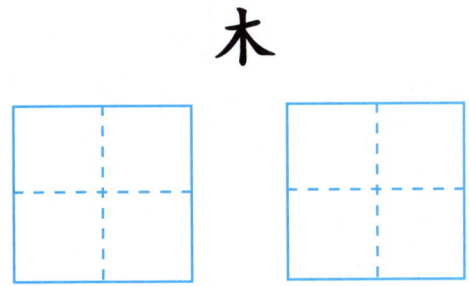

⑭ **Type an introduction of your courses according to Exercise 10.**
根据你的课程表（第10题），试着在电脑上输入一段话介绍你的课程。

星期一上午我有＿＿节＿＿课，下午＿＿＿＿＿＿＿＿＿＿＿＿＿＿＿

＿＿＿＿＿＿＿＿＿＿＿＿＿＿＿＿＿＿＿＿＿＿＿＿＿＿＿＿＿＿＿。

45

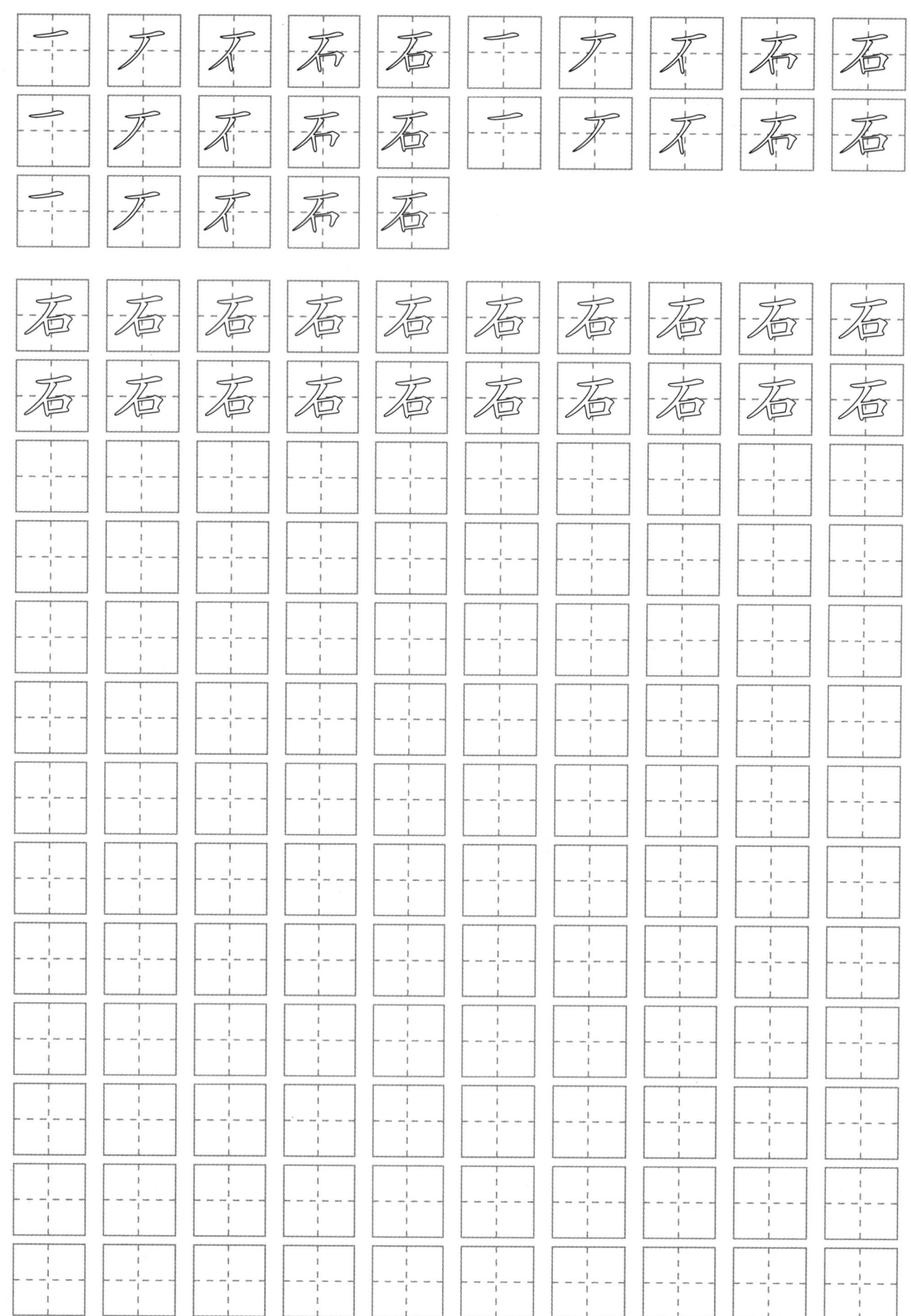

Lesson 6 | When do you have Chinese classes?

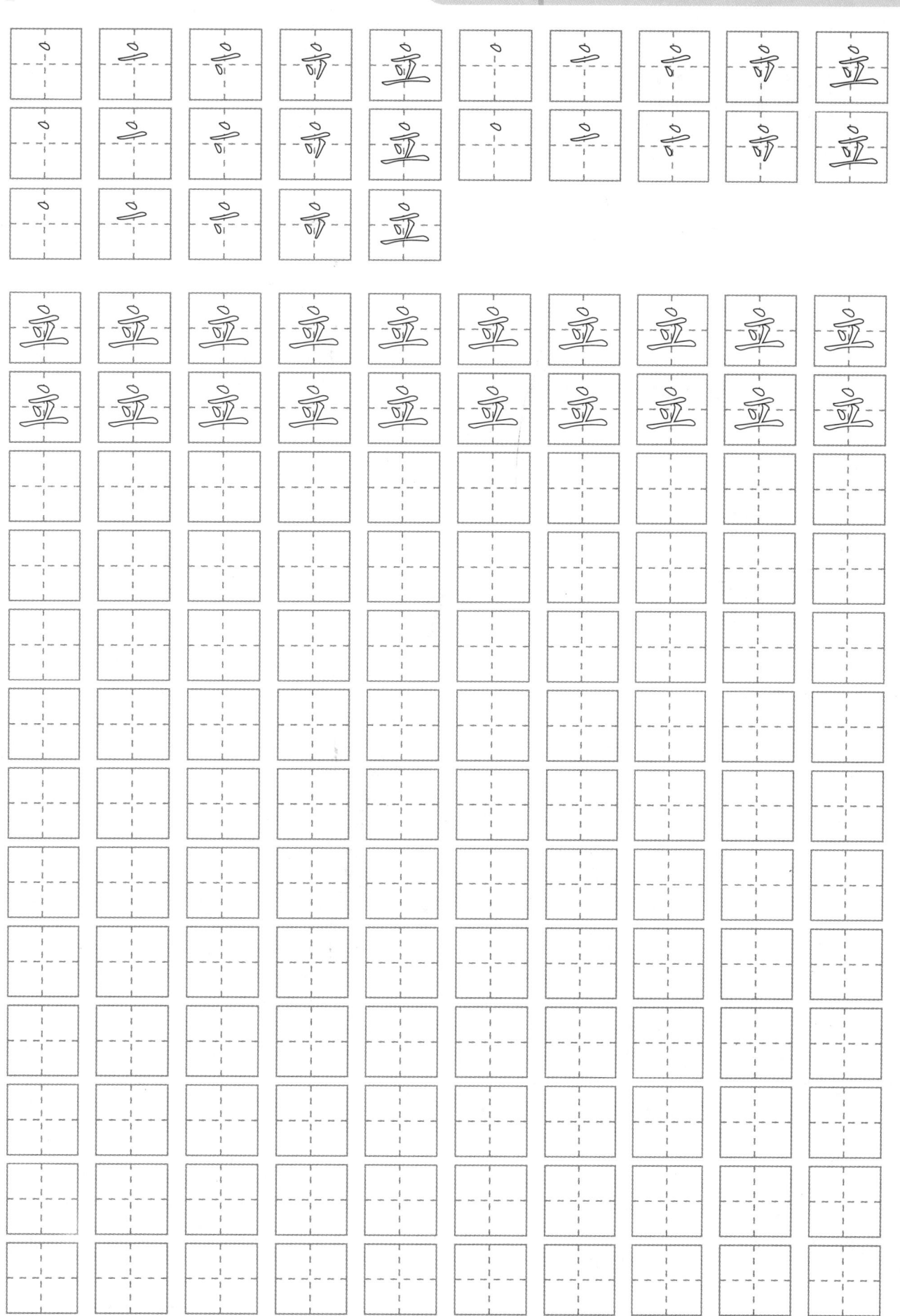

生日快乐！ Lesson 7

① Circle the words you hear.
圈出你听到的词语。

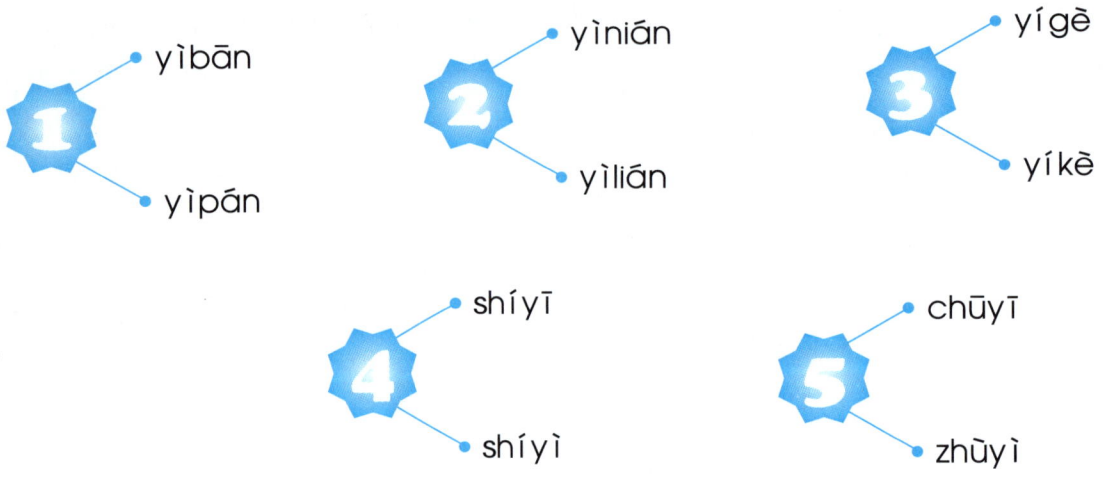

1. yìbān / yìpán
2. yìnián / yìlián
3. yígè / yíkè
4. shíyī / shíyì
5. chūyī / zhūyì

② Listen to the recording and fill in the syllables.
听录音，填写音节。

1. __dài
2. __xiāng
3. __gǔnǎor
4. __bēizi
5. __qǐ
6. __liánchuàn
7. __kǒuqì
8. __yàng
9. __shí
10. __zǎo

Lesson 7 | Happy birthday!

③ **Listen to the recording and write down the dates of the festivals you hear.**

听一听，写出你听到的节日的日期。

④ **Number the pictures according to the order in which you hear the sentences.**

根据听到的句子的顺序为图片标上序号。

⑤ **Listen to the recording and choose the right answer.**

听一听，选择正确答案。

1. 今天星期几？ A 星期三   星期四 B

2. 她的生日是几号？ A 21号   22号 B

6 Read and link.
读一读，连一连。

- cāi — 猜
- 复活节 — Fùhuójié — Easter Day
- 万圣节 — Wànshēngjié — All Saints' Day
- 祝 — zhù — wish
- 感恩节 — Gǎn'ēnjié — the Thanksgiving Day
- 号 — rìzi — date, day
- 一定 — yídìng — must (be)
- 生日 — shēngrì — birthday
- 快乐 — kuàilè — happy
- 月 — yuè — month
- 日子 — rìzi — day
- hǎo — 好

7 Fill in characters to form words.
填字组词。

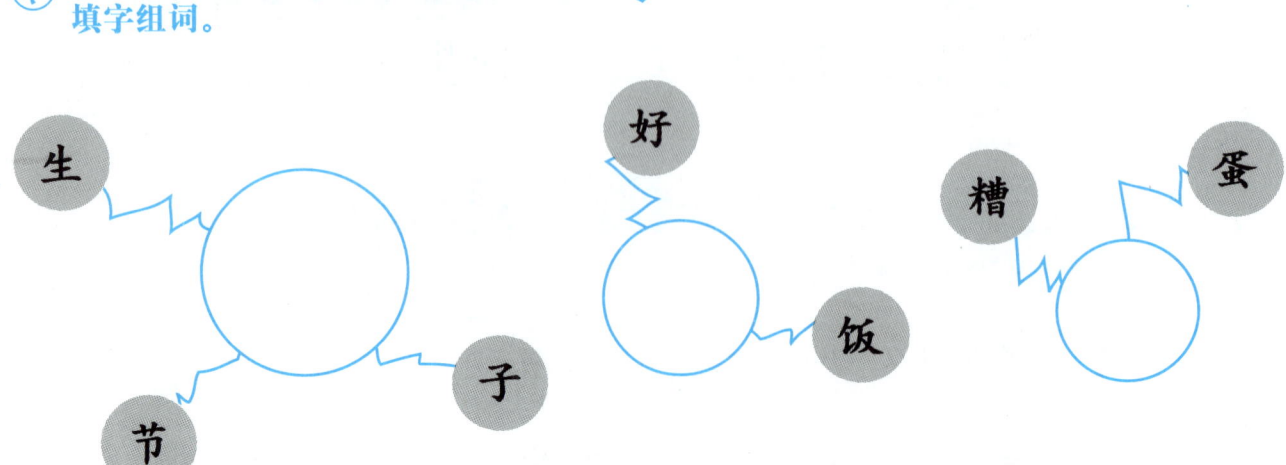

生 — 节
好 — 子
糟 — 蛋 / 饭

50

Lesson 7 | Happy birthday!

8 Read, draw, and complete the sentences.
读一读，画一画，然后写句子。

1	2	3	4
四月 ① 2 3 4 5 6 7 8 9 10 11 12 13 14 15 16 17 18 19 20 21 22 23 24 25 26 27 28 29 30 2008年 **愚人节** Yúrénjié April Fools' Day	**情人节** Qíngrénjié Valentine's Day	**万圣节** Wànshèngjié All Saints' Day	**圣诞节** Shèngdànjié Christmas Day

1. 四月一号是愚人节。 2. _____ 是 _____ 节。
3. _____ 是 _____ 节。 4. _____ 是 _____ 节。

9 Translate the following sentences into English.
把下列句子译成英语。

1. 今天是什么日子？
   Jīntiān shì shénme rìzi?

   _____

2. 祝你生日快乐！
   Zhù nǐ shēngrì kuàilè!

   _____

3. 10月15号是我的生日。
   Shí yuè shíwǔ hào shì wǒ de shēngrì.

   _____

4. 今年的复活节是星期四。
   Jīnnián de Fùhuójié shì Xīngqīsì.

   _____

51

10 Read and write.
读一读，填一填。

你的生日

好朋友的生日

感恩节

母亲节

父亲节

11 Complete the dialogue.
完成对话。

A：今 天 是 几 月 几 号 星 期 几？
　　Jīntiān shì jǐ yuè jǐ hào Xīngqī jǐ?

B：_____。

A：_____？

B：今 天 是 感 恩 节。
　　Jīntiān shì Gǎn'ēnjié.

A：祝 你 _____ 快 乐！
　　Zhù nǐ　　　　kuàilè!

B：谢 谢！
　　Xièxie!

Lesson 7 | Happy birthday!

⑫ **Form characters with the given components.**
组汉字。

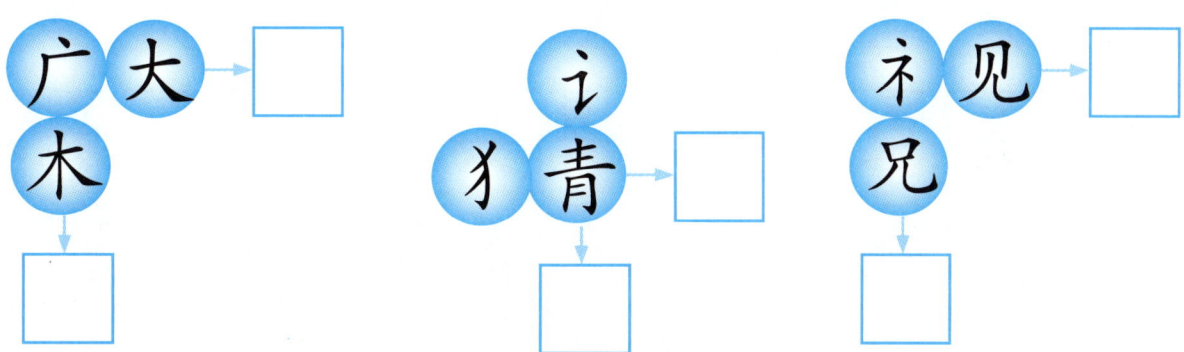

⑬ **Count the strokes of the characters and link.**
数一数汉字的笔画，连一连。

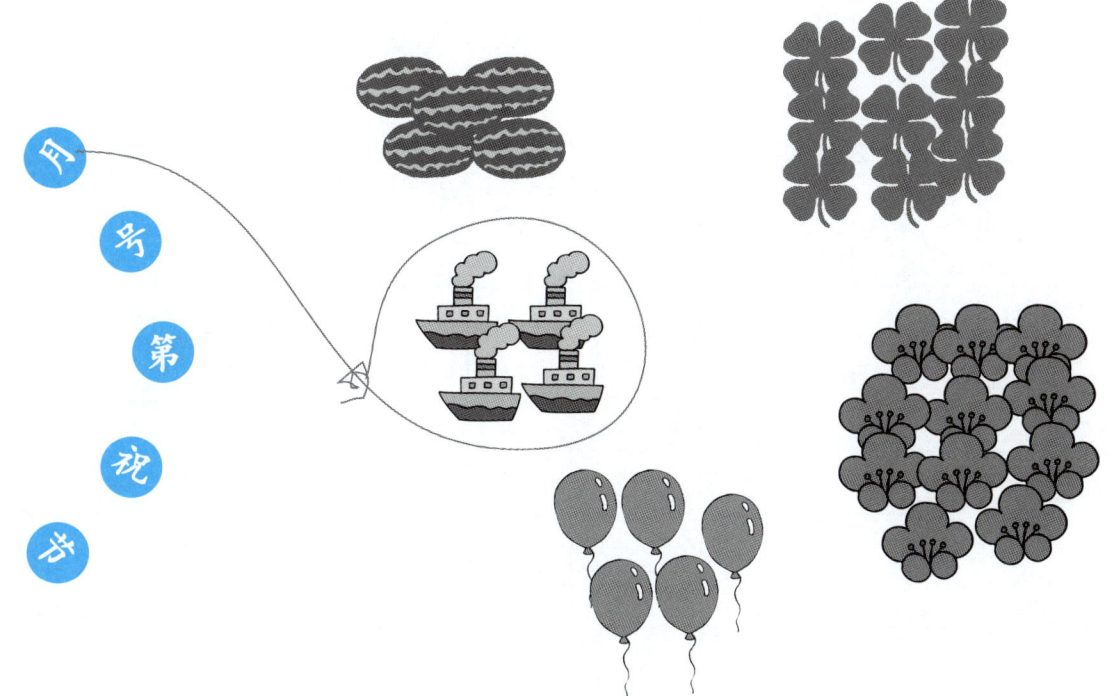

⑭ **Read and type the characters whose initials are "sh".**
读一读，输入声母是"sh"的字。

今天是12月25日，今天是圣诞节，也是我的生日。

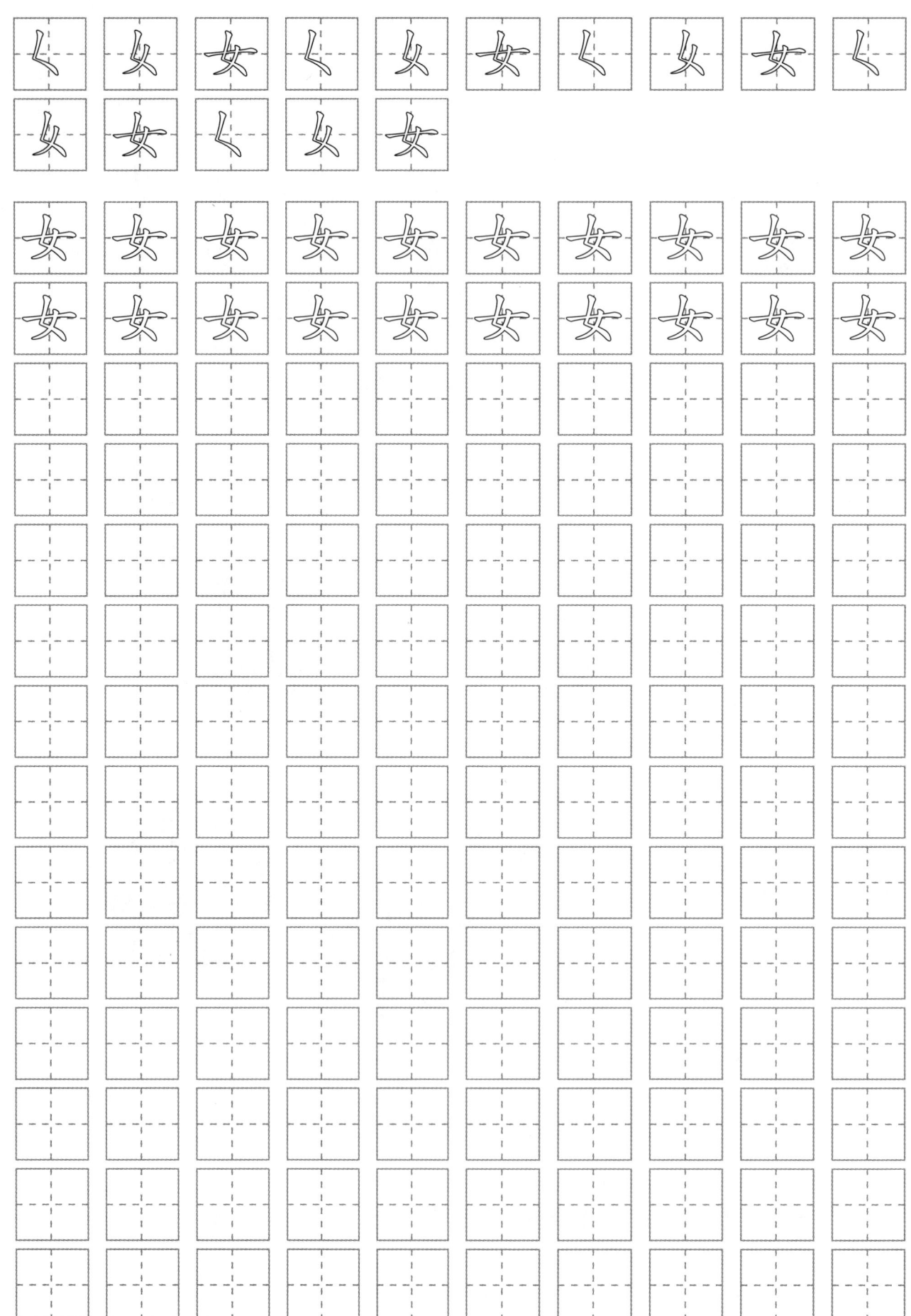

Lesson 7 | Happy birthday!

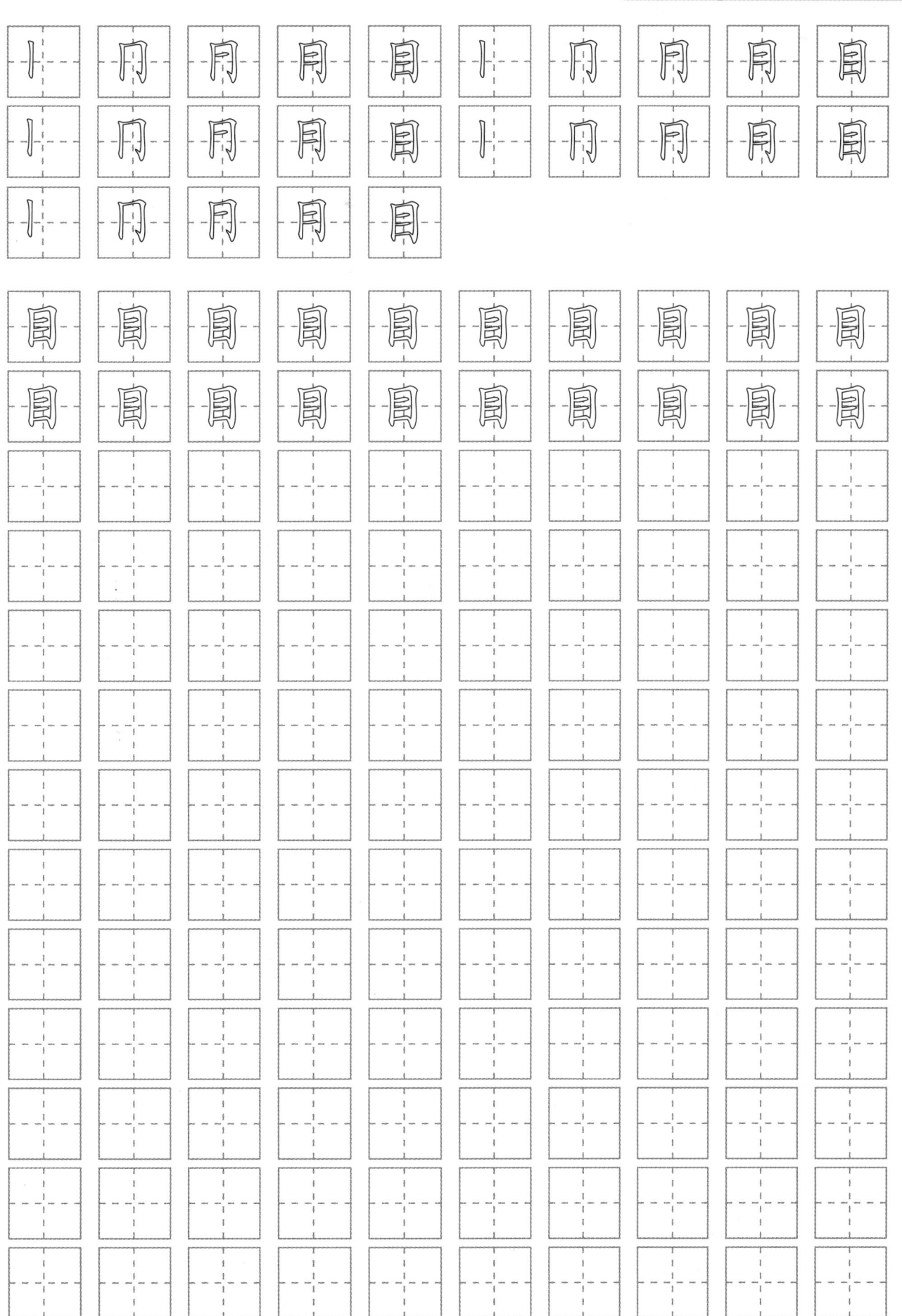

北京今天多少度？

Lesson 8

1. Circle the words you hear.
圈出你听到的词语。

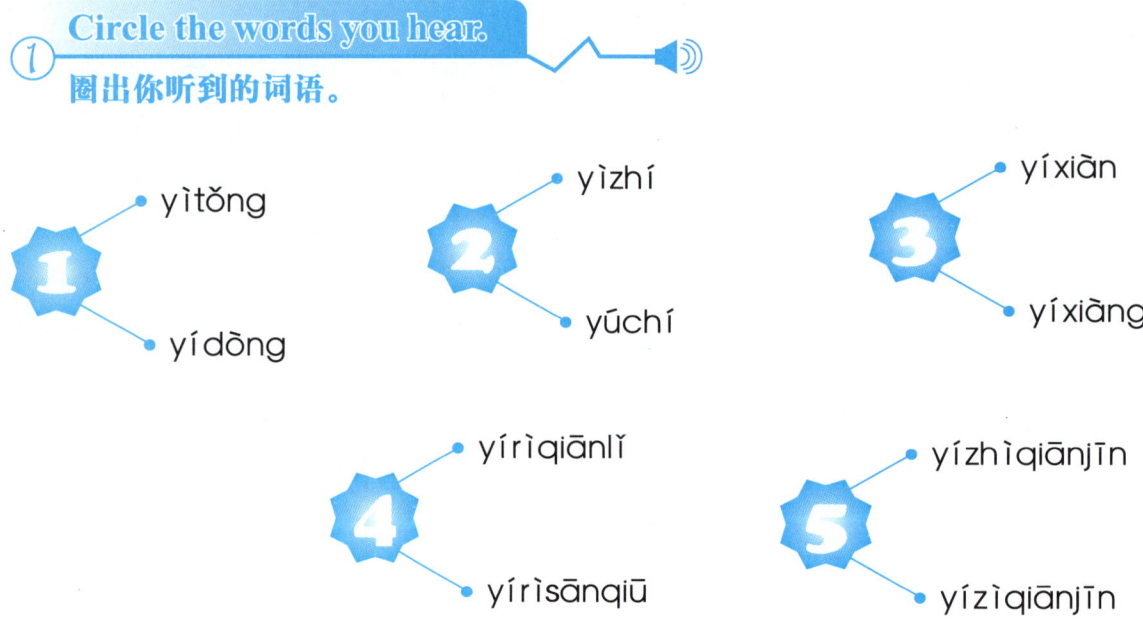

1. yìtǒng / yídōng
2. yìzhí / yúchí
3. yìxiān / yìxiǎng
4. yírìqiānlǐ / yírìsānqiū
5. yìzhìqiānjīn / yízìqiānjīn

2. Listen to the recording and fill in the syllables.
听录音，填写音节。

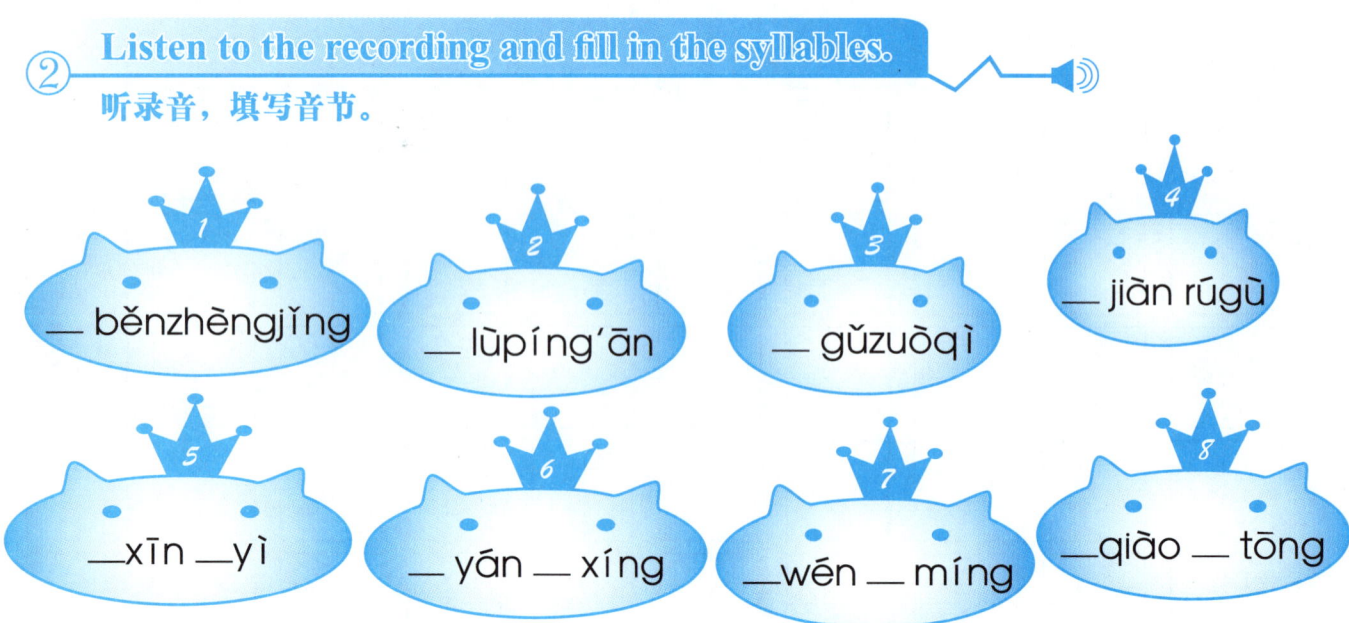

1. __běnzhēngjǐng
2. __lūpíng'ān
3. __gǔzuōqì
4. __jiān rúgù
5. __xīn __yì
6. __yán __xíng
7. __wén __míng
8. __qiǎo __tōng

Lesson 8 | What is the temperature of Beijing today?

③ Listen and draw.
听一听，画一画。

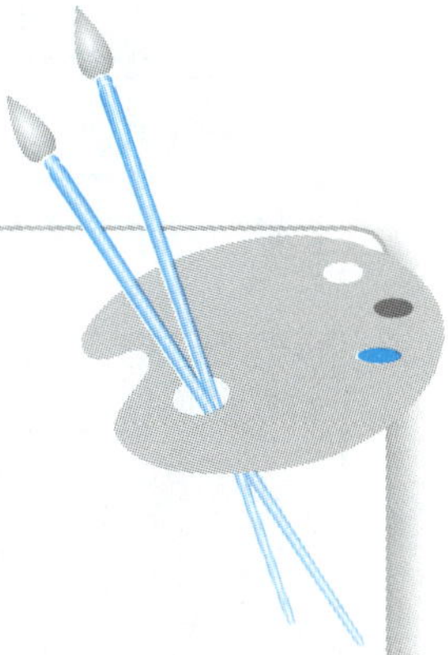

① ② ③
④ ⑤

④ Listen and link.
听一听，连一连。

昨天

今天

明天

57

5 Listen to the recording and see whether the following sentences are the same as what you hear.

听一听，看看下面的句子和你听到的一致不一致？

1

2

3

4

6 Read and link.

读一读，连一连。

太……了
lěng
fēng
有点儿
度
风
下雪
tài...le
xià xuě
dù
只有
zhǐyǒu
零下
língxià
zěnmeyàng
xià yǔ
tiānqì
冷
yǒudiǎnr
天气
怎么样
rè
热
下雨

a little | wind | snow | below zero, minus | hot | how
degree | | only | too | cold | rain | weather

Lesson 8 What is the temperature of Beijing today?

7 Fill in characters to form words.
填字组词。

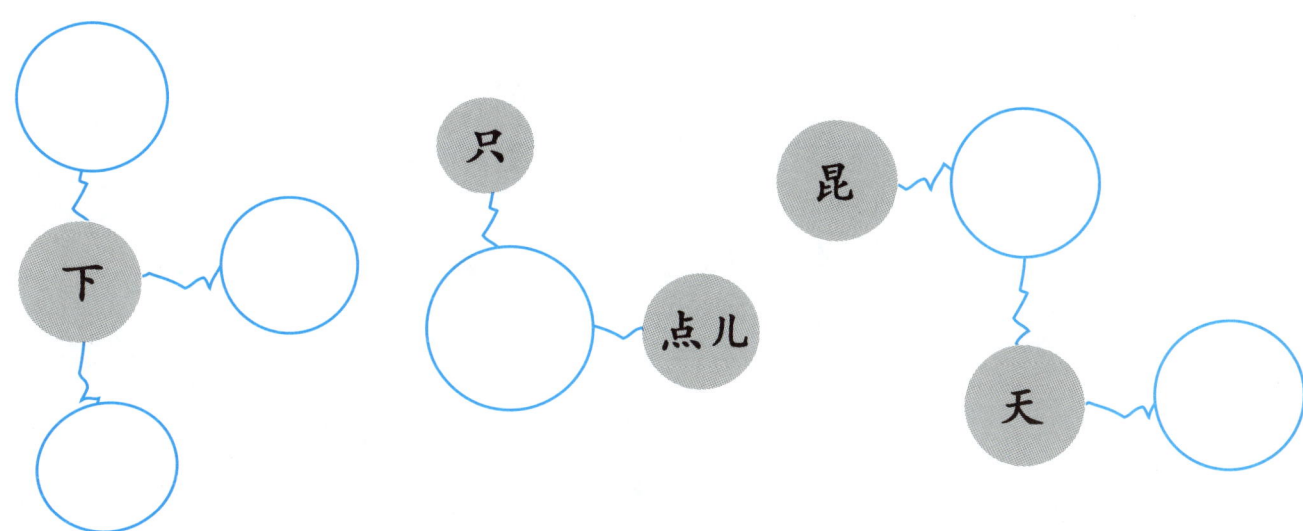

8 Identify the word that is different from the rest of the group.
从每组词中选出一个你认为不同的词。

昆明 Kūnmíng   美国 Měiguó
哈尔滨 Hā'ěrbīn   迈阿密 Mài'āmì

伦敦 Lúndūn
北京 Běijīng
昆明 Kūnmíng
东京 Dōngjīng

雨 yǔ   度 dù
风 fēng   雪 xuě

9 Look at the pictures and answer the questions.
看图回答问题。

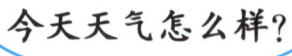

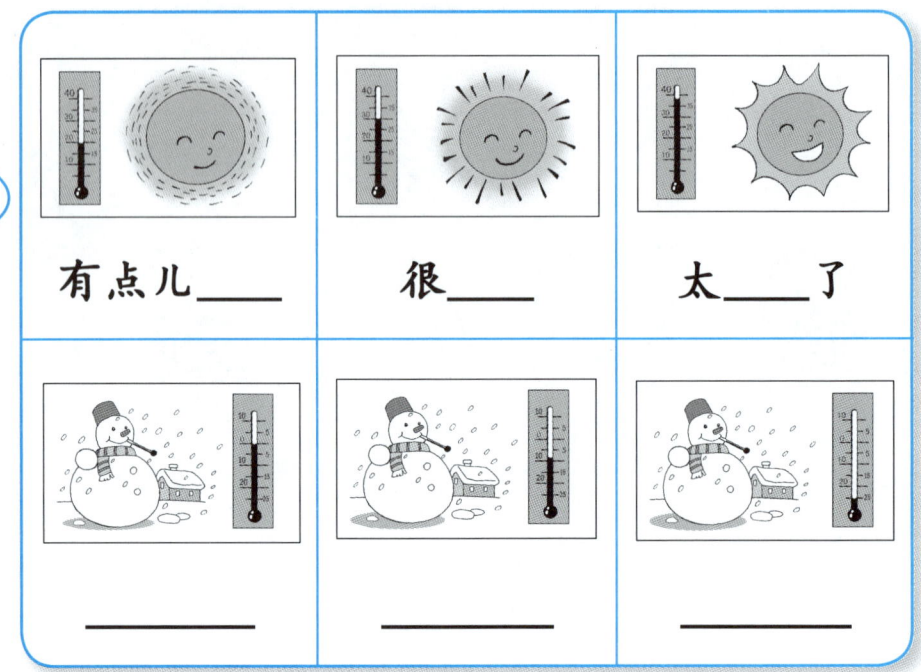

有点儿____   很____   太____了

____   ____   ____

10 Translate the following sentences into English.
把下列句子译成英语。

1. 今天天气怎么样？
   Jīntiān tiānqì zěnmeyàng?

   _____

2. 今天下雨了，有点儿冷。
   Jiāntiān xià yǔ le, yǒudiǎnr lěng.

   _____

3. 今天没有风，很热。
   Jīntiān méiyǒu fēng, hěn rè.

   _____

4. 今天零下30度，太冷了。
   Jīntiān língxià sānshí dù, tài lěng le.

   _____

Lesson 8 | What is the temperature of Beijing today?

⑪ **Answer the questions based on the facts.**
根据实际情况回答问题。

1. 今天天气怎么样？
   Jīntiān tiānqì zěnmeyàng?

2. 今天多少度？
   Jīntiān duōshao dù?

3. 你喜欢雨吗？
   Nǐ xǐhuan yǔ ma?

4. 你喜欢冷的天气吗？
   Nǐ xǐhuan lěng de tiānqì ma?

⑫ **Identify the part that the two characters have in common.**
认一认，找出每组汉字相同的部件。

冷 — 零

雪 — 零

点 — 热

冷 — 凉

61

Add one stroke to the given character and make it into another character.

⑬ 试一试在下面的汉字上加上一笔，让它变成另一个字。

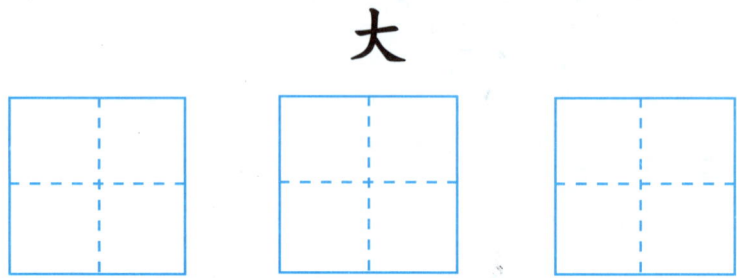

Try to type a weather forecast according to the following form.

⑭ 根据下表，试着做一个天气预报并在电脑上打出来。

迈阿密	有点儿热	30度
北京	有风	25度
昆明	有雨	30度

Lesson 8 — What is the temperature of Beijing today?

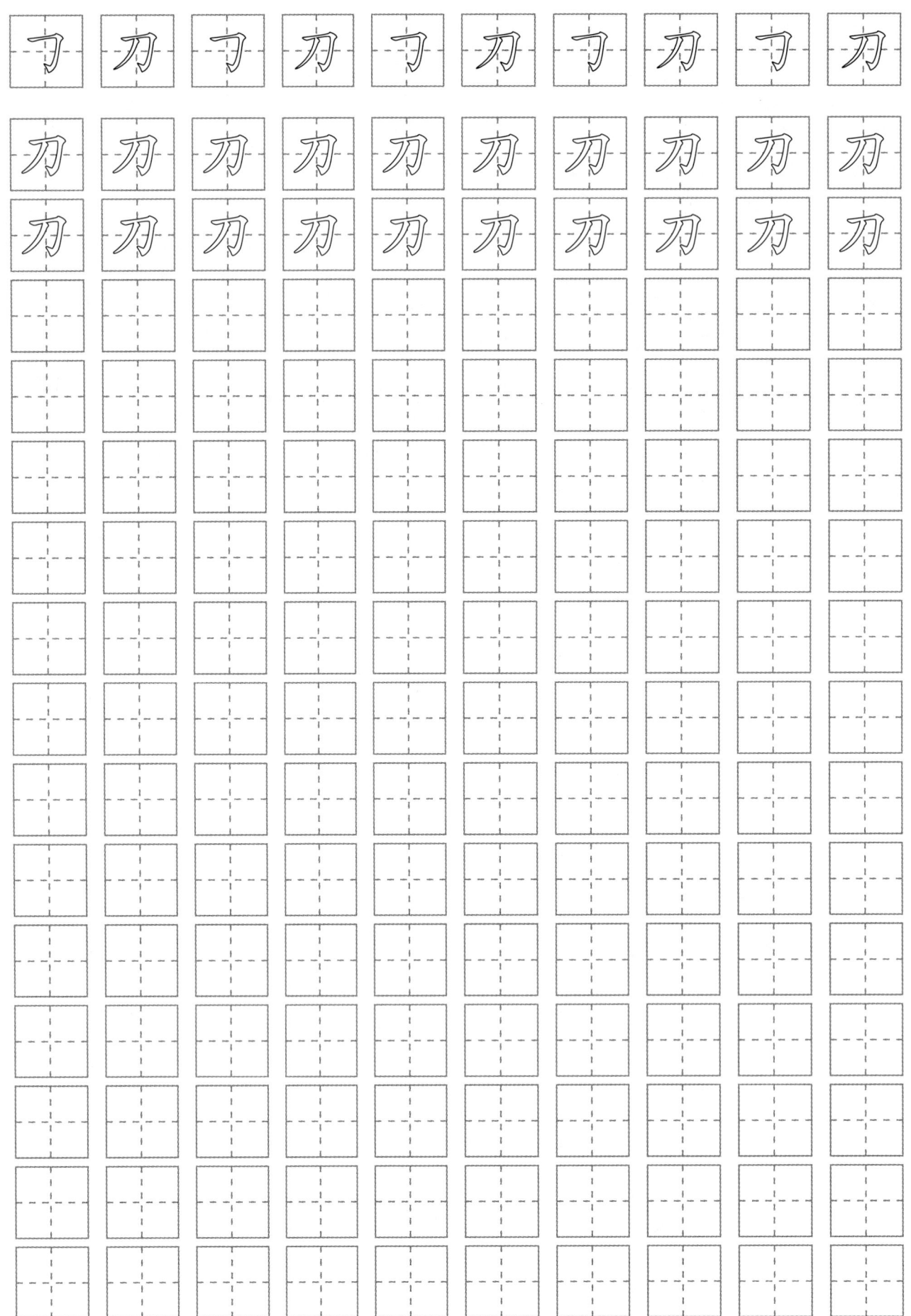

Lesson 9 我迷路了

① Circle the words you hear.
圈出你听到的词语。

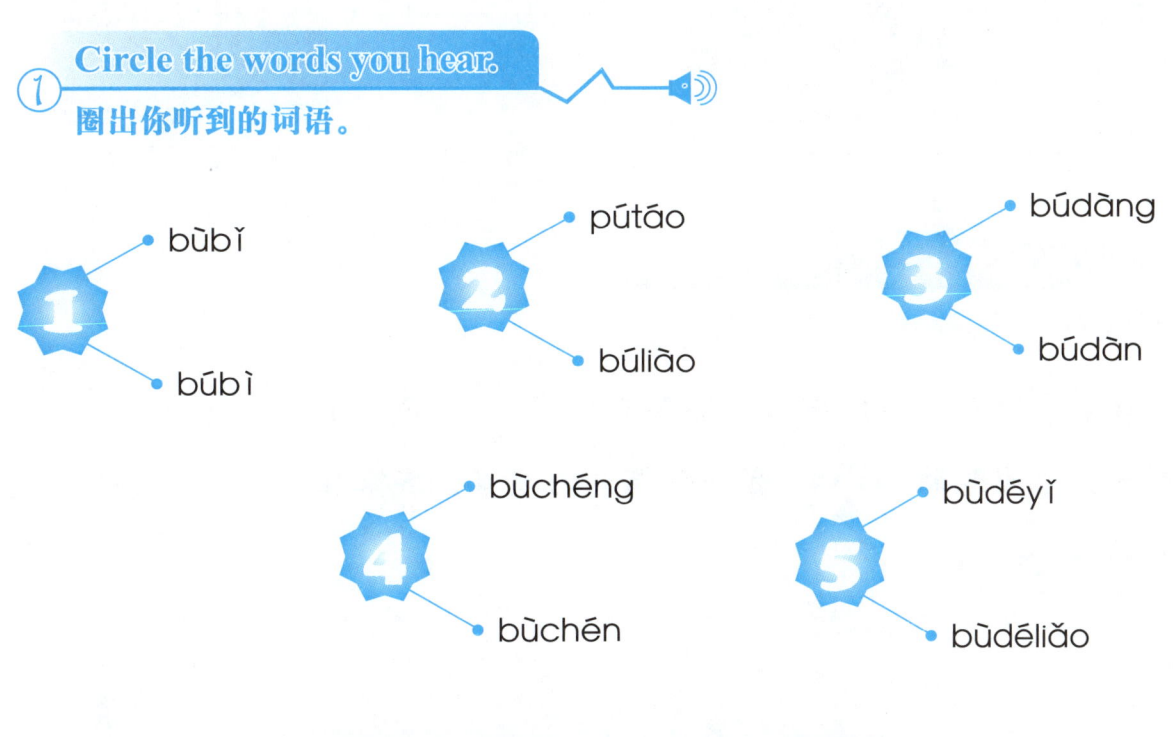

1. bǔbǐ / búbì
2. pútáo / búliǎo
3. búdāng / búdàn
4. bùchéng / bùchén
5. bùdéyǐ / bùdéliǎo

② Listen to the recording and fill in the syllables.
听录音，填写音节。

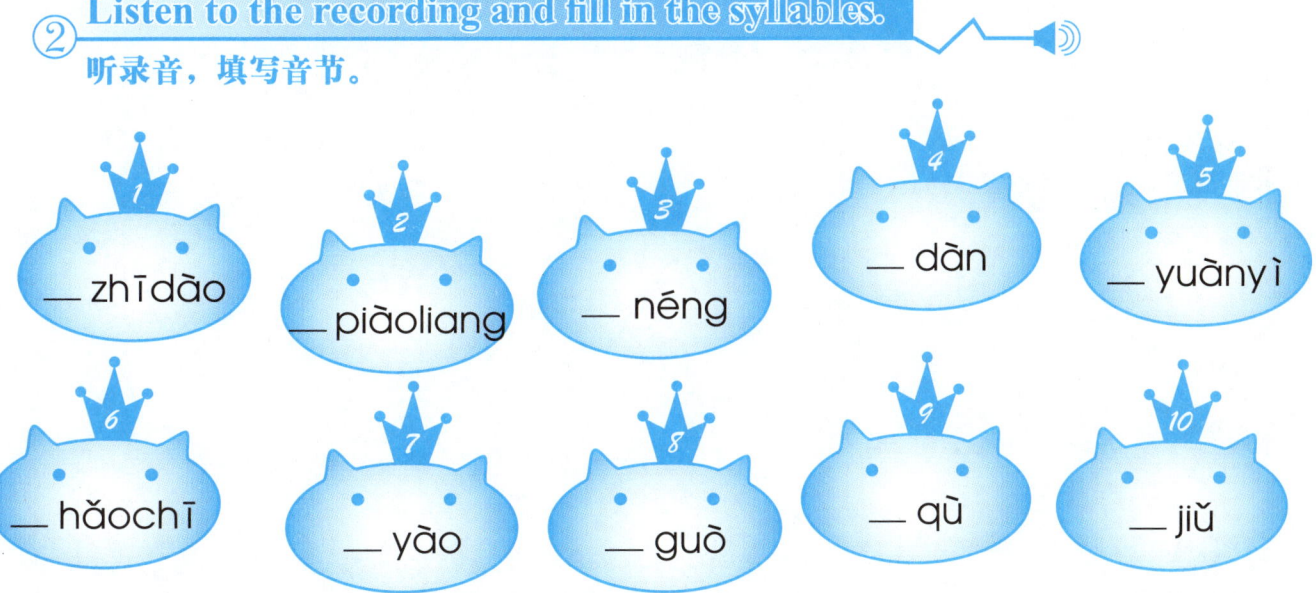

1. __zhīdào
2. __piàoliang
3. __néng
4. __dàn
5. __yuànyì
6. __hǎochī
7. __yào
8. __guò
9. __qù
10. __jiǔ

65

Number the pictures according to the order in which you hear the sentences.

③ 根据听到的句子的顺序为图片标上序号。

Listen, choose, and draw.

④ 听一听，选一选，然后画一画。

我家旁边有一个快餐店。快餐店的 ✥ 是一个电影院，电影院的 ✥ 有一个很大的超市，我家在超市的 ✥ 。

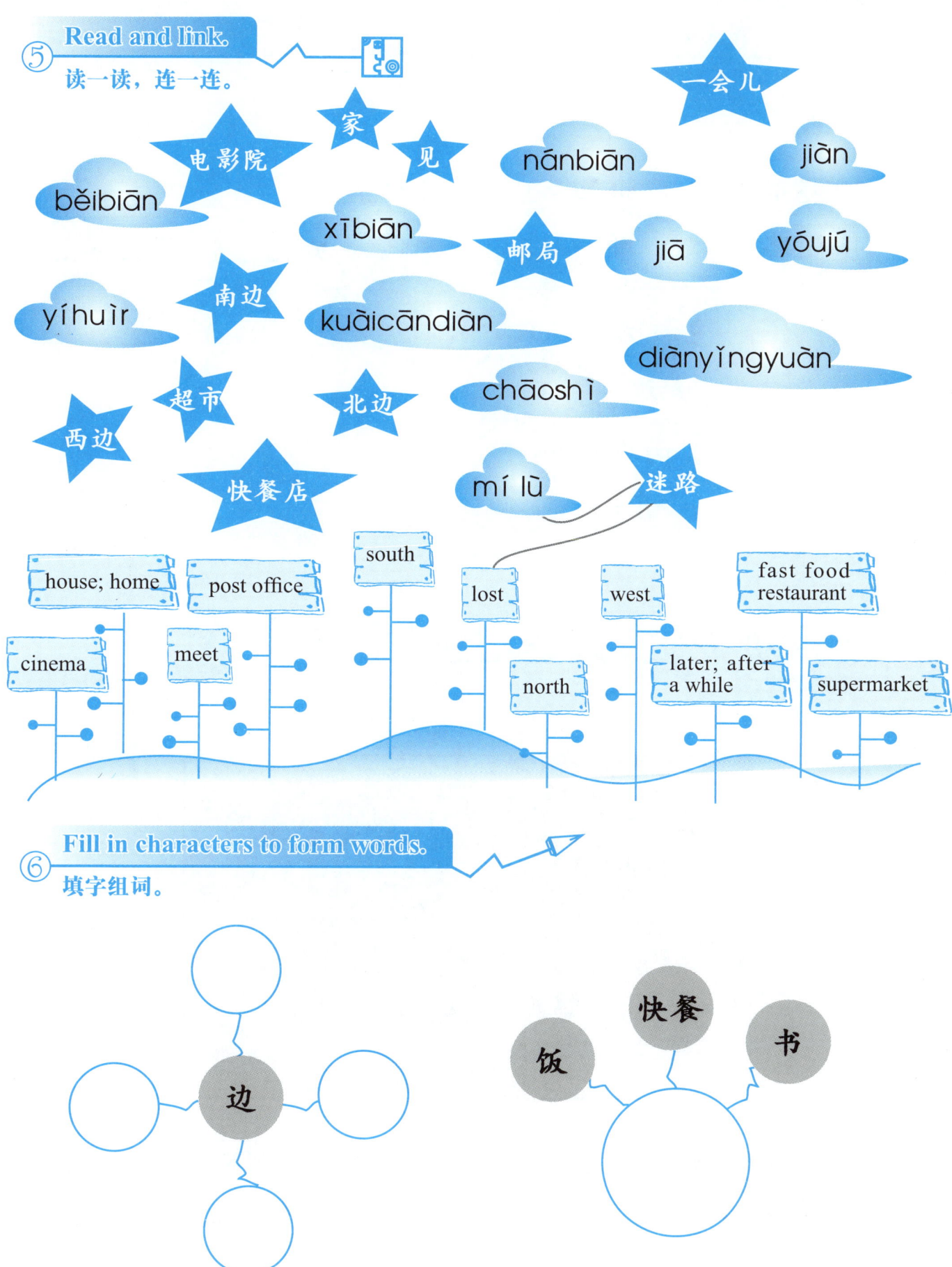

⑦ **Identify the word that is different from the rest of the group.**
从每组词中选出一个你认为不同的词。

超市 chāoshì　快餐店 kuàicāndiān
迷路 mí lù　邮局 yóujú

哪儿 nǎr　什么 shénme
这 zhè　谁 shéi

电影院 diànyǐngyuàn
旁边 pángbiān
南边 nánbiān
东边 dōngbiān

⑧ **Look at the picture and then fill in the blanks.**
看图填空。

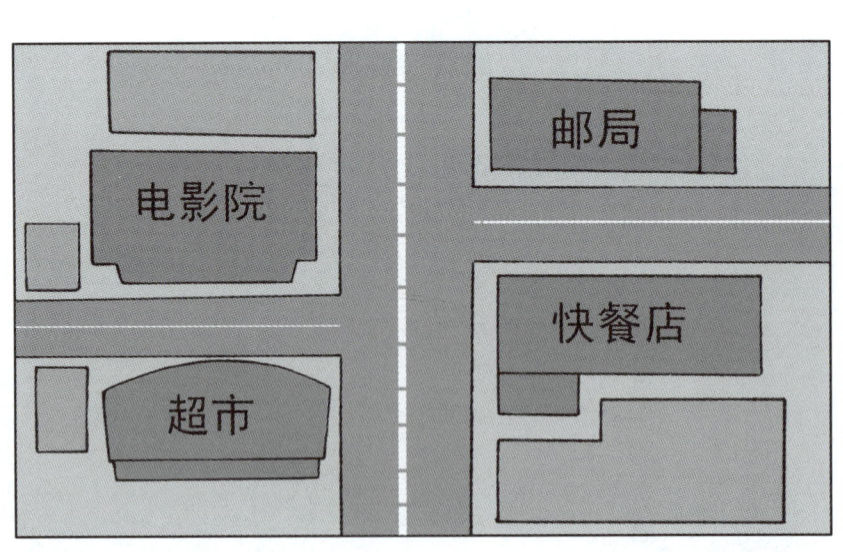

电影院在快餐店的_____。　　邮局在电影院的_____。

超市在快餐店的_____。　　快餐店在_____的南边。

电影院在_____的北边。

Lesson 9 | I am lost

⑨ Translate the following sentences into English.
把下列句子译成英语。

1. 我 在 邮 局 旁 边 。
   Wǒ zài yóujú pángbiān.
   _____

2. 好 ， 一 会 儿 见 。
   Hǎo, yíhuìr jiàn.
   _____

3. 请 问 ， 电 影 院 在 哪 儿 ？
   Qǐngwèn, diànyǐngyuàn zài nǎr?
   _____

4. 你 在 哪 儿 ？
   Nǐ zài nǎr?
   _____

⑩ Compose a dialogue by using the following sentences.
把下列句子组成一个对话。

我在电影院的南边。
Wǒ zài diànyǐngyuàn de nánbiān.

好，一会儿见。
Hǎo, yíhuìr jiàn.

你在哪儿?
Nǐ zài nǎr?

电影院在超市的旁边。
Diànyǐngyuàn zài chāoshì de pángbiān.

电影院在哪儿?
Diànyǐngyuàn zài nǎr?

A: _____
B: _____
A: _____
B: _____
A: _____

11 Count and then group together the characters with the same number of strokes.

数一数，把笔画数相同的字分成一组。

北　南　西　东　会　迷

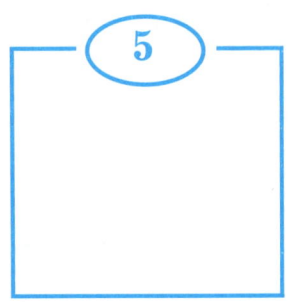
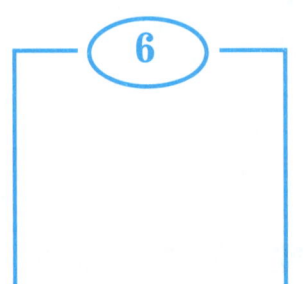

12 Add "阝" to the following parts to form characters.

加"阝"组字。

13 Type the words that indicate directions in the following sentences.

试着在电脑上输入下列句子中表示方向的词语。

1．超市北边有一个邮局。

2．我家南边是一个电影院。

3．快餐店在邮局的东边。

4．我在超市的西边。

Lesson 9 | I am lost

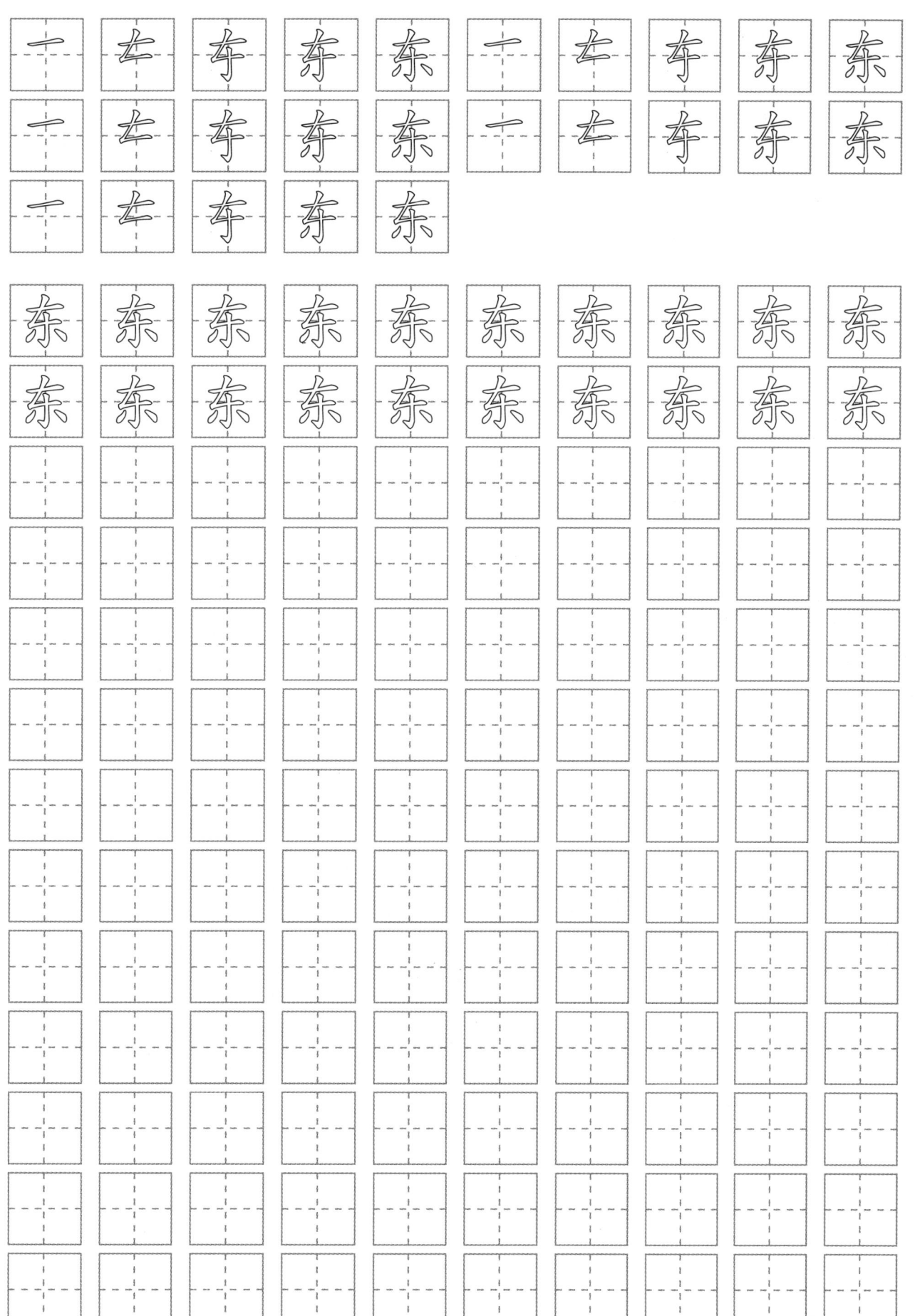

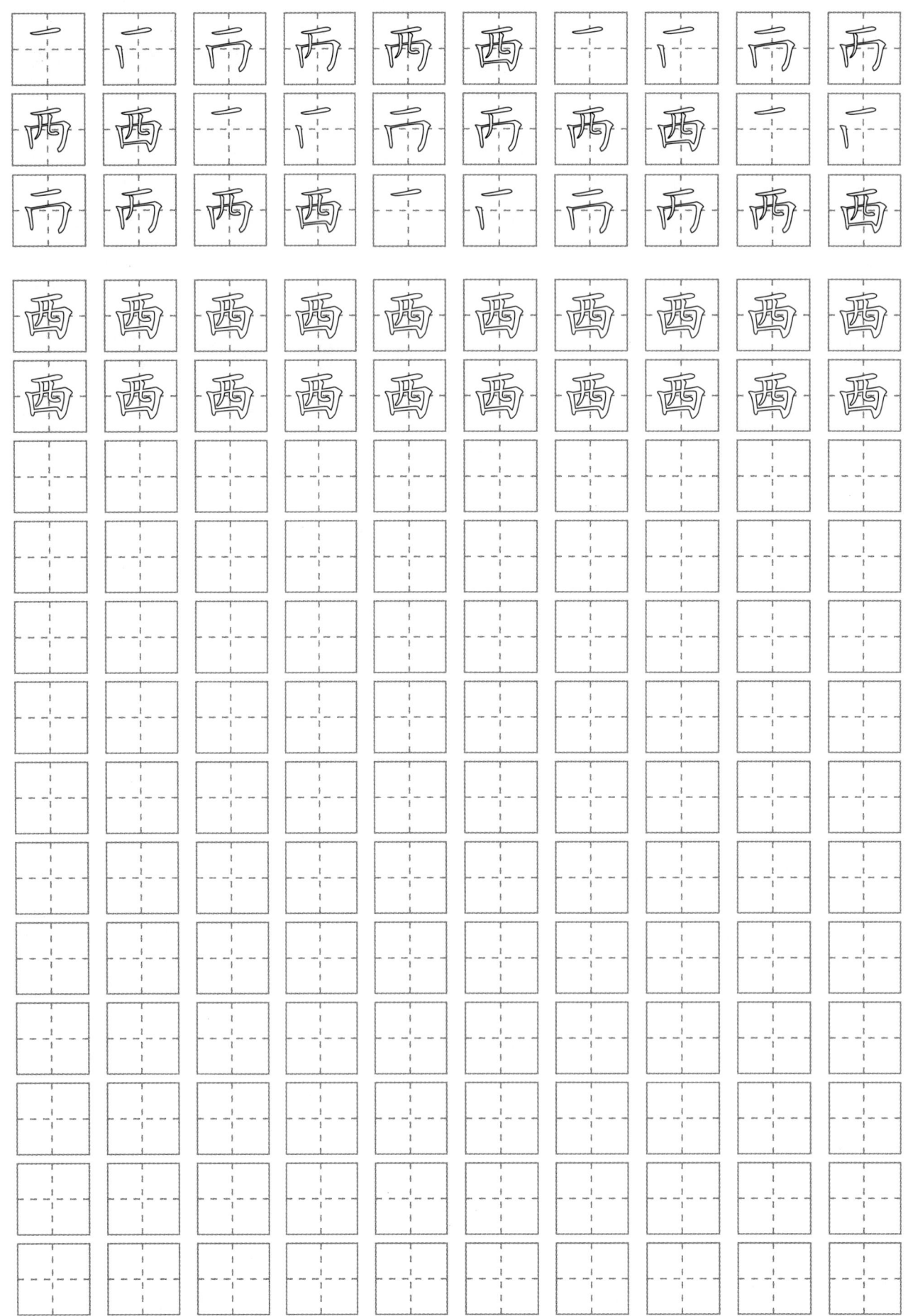

Lesson 10 一件黄色的外套

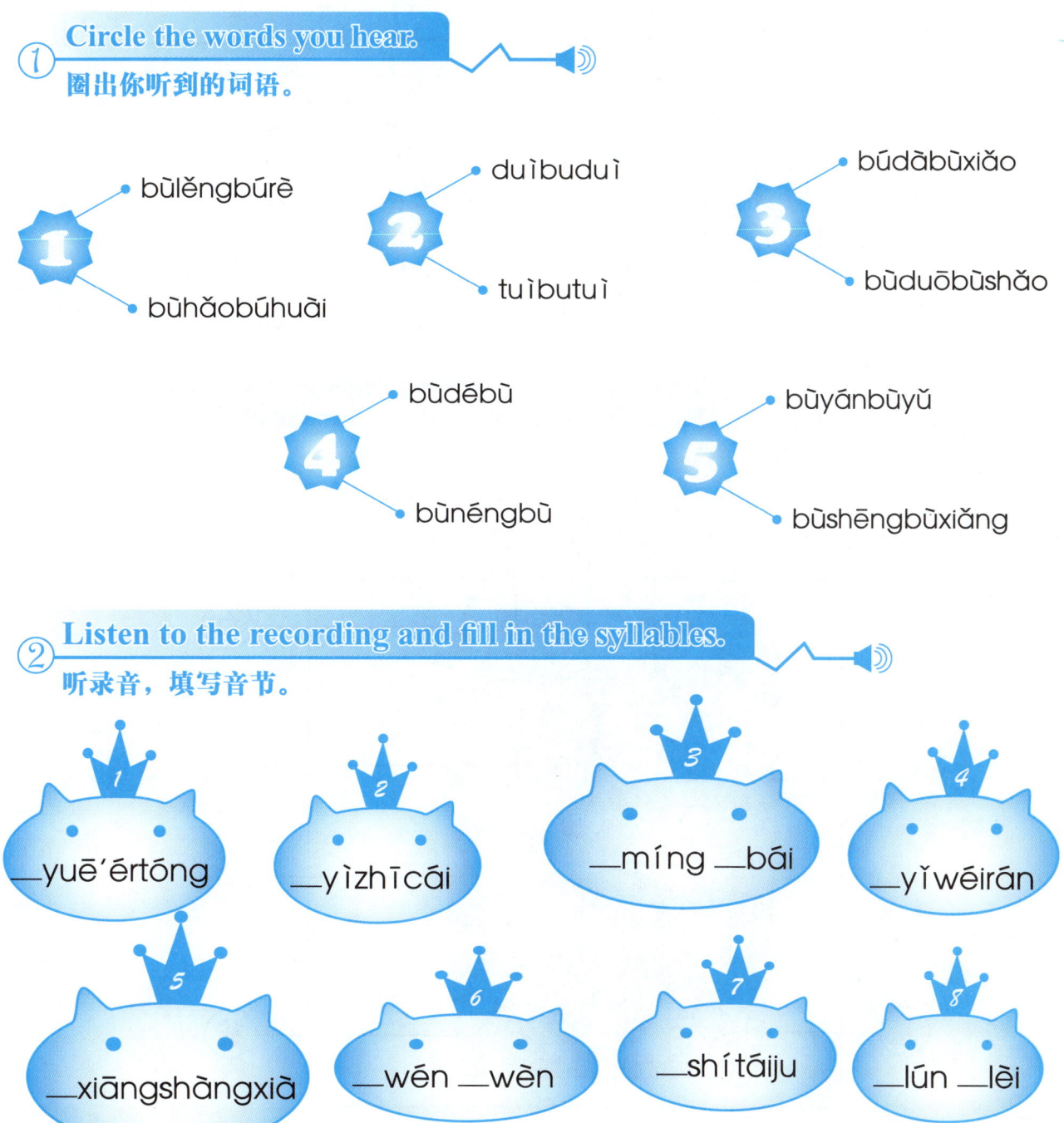

③ Listen to the recording and color the pictures.
听一听，为图片涂上相应的颜色。

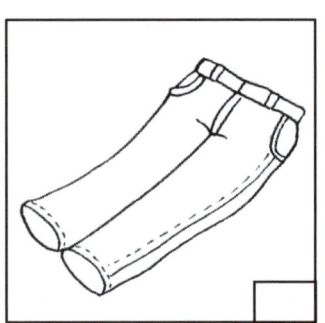

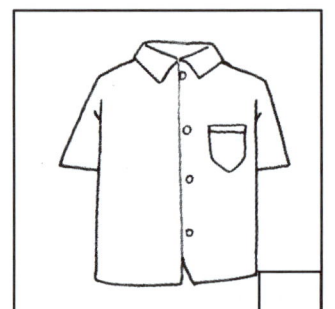

④ Listen to the recording and pick the things that Feifei bought.
听一听，选出飞飞买的东西。

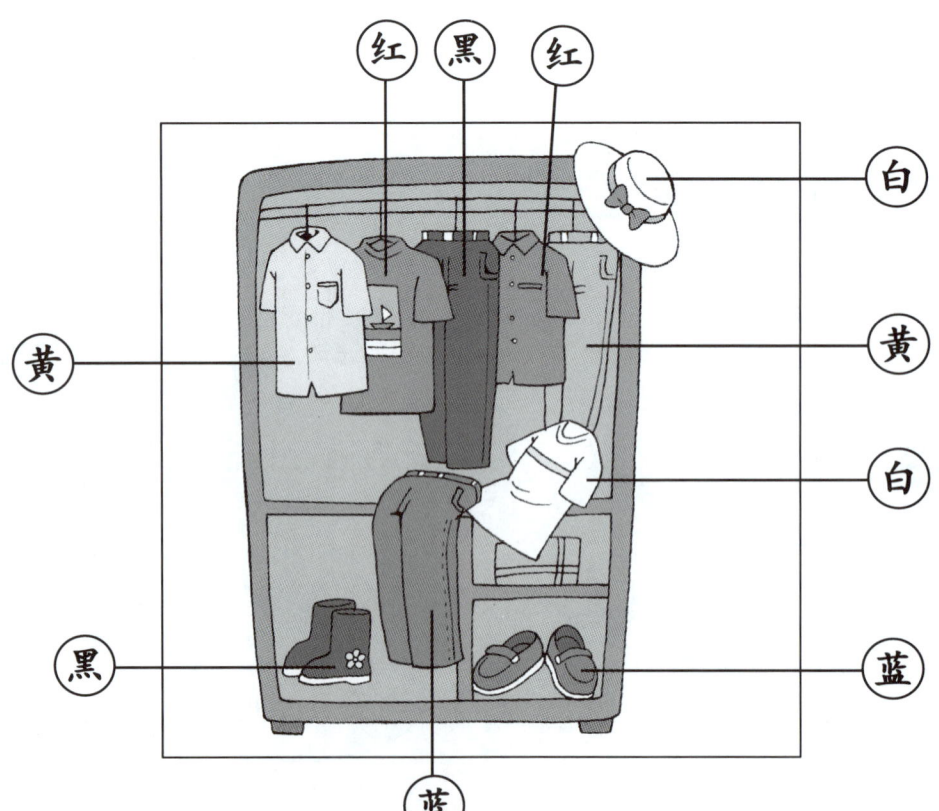

Lesson 10 | A yellow coat

⑤ **Listen to the recording and identify the person who is talking.**
听一听，选出说话的那个人。

⑥ **Read and link.**
读一读，连一连。

黑色
鞋
红色   条   外套   chēnshān   shuāng
         好看   颜色
hēisè   tiáo
       hóngsè
       双   裤子   mǎi
         kùzi   yánsè
衬衫   买   hǎokàn
    wàitào
  xié   huángsè   黄色

shoe — measure word — buy — good-looking
red — coat — shirt — yellow — color — a pair of
black — trousers

7 Read and categorize.
读一读，分一分。

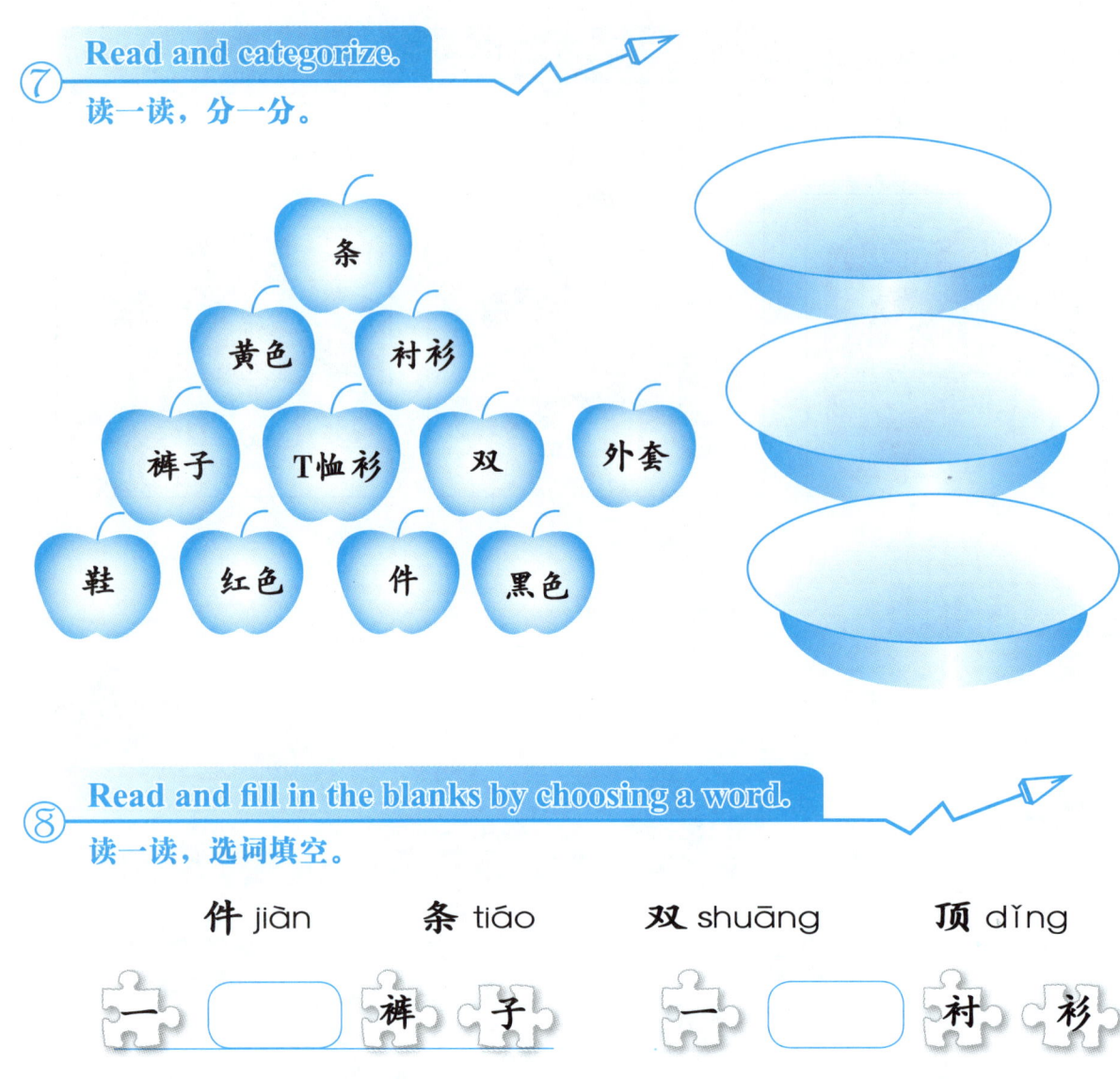

8 Read and fill in the blanks by choosing a word.
读一读，选词填空。

件 jiàn   条 tiáo   双 shuāng   顶 dǐng

一 ☐ 裤子   一 ☐ 衬衫

一 ☐ 帽子   一 ☐ 鞋

9 Translate the following sentences into English.
把下列句子译成英语。

1. 这条裤子怎么样？
   Zhè tiáo kùzi zěnmeyàng?

2. 你喜欢什么颜色？
   Nǐ xǐhuan shénme yánsè?

Lesson 10 A yellow coat

3. 我不喜欢红色，我要那双黄色的。
   Wǒ bù xǐhuan hóngsè, wǒ yào nà shuāng huángsè de.

   _____

4. 我喜欢红色，我有一件红色的外套。
   Wǒ xǐhuan hóngsè, wǒ yǒu yí jiàn hóngsè de wàitào.

   _____

10 Draw the colors your family members like best and the clothes that your family members have the most of, and then talk about them.
画出你们家人最喜欢的颜色和数量最多的衣服，然后说一说。

	喜欢的颜色	数量最多的衣服
我		

我喜欢____色，____喜欢____色，____喜欢____色。我有
Wǒ xǐhuan   sè,   xǐhuan   sè,   xǐhuan   sè. Wǒ yǒu

很多____，____有很多____，____有很多____。
hěn duō   yǒu hěn duō   yǒu hěn duō

11 Complete the dialogues.
完成会话。

A: 你喜欢什么颜色？
　　Nǐ xǐhuan shénme yánsè?

B: _____

A: 这条裤子怎么样？
　　Zhè tiáo kùzi zěnmeyàng?

B: _____

12 Form characters with the given components.
组汉字。

13 Count and circle the one whose number of strokes is different from the rest.
数一数，圈出笔画数不同的那个字。

Lesson 10　A yellow coat

⑭ **Type a list of all your clothes following the examples below.**
仿照下面的例子，试着用电脑打一份自己的衣物清单。

外套	绿色	1 件	T恤衫	红色	1 件
	黑色	1 件		白色	3 件
	黄色	1 件		蓝色	2 件
裤子	黑色	3 条	帽子	黄色	1 顶
	蓝色	1 条		橙色	1 顶
	白色	2 条			

……

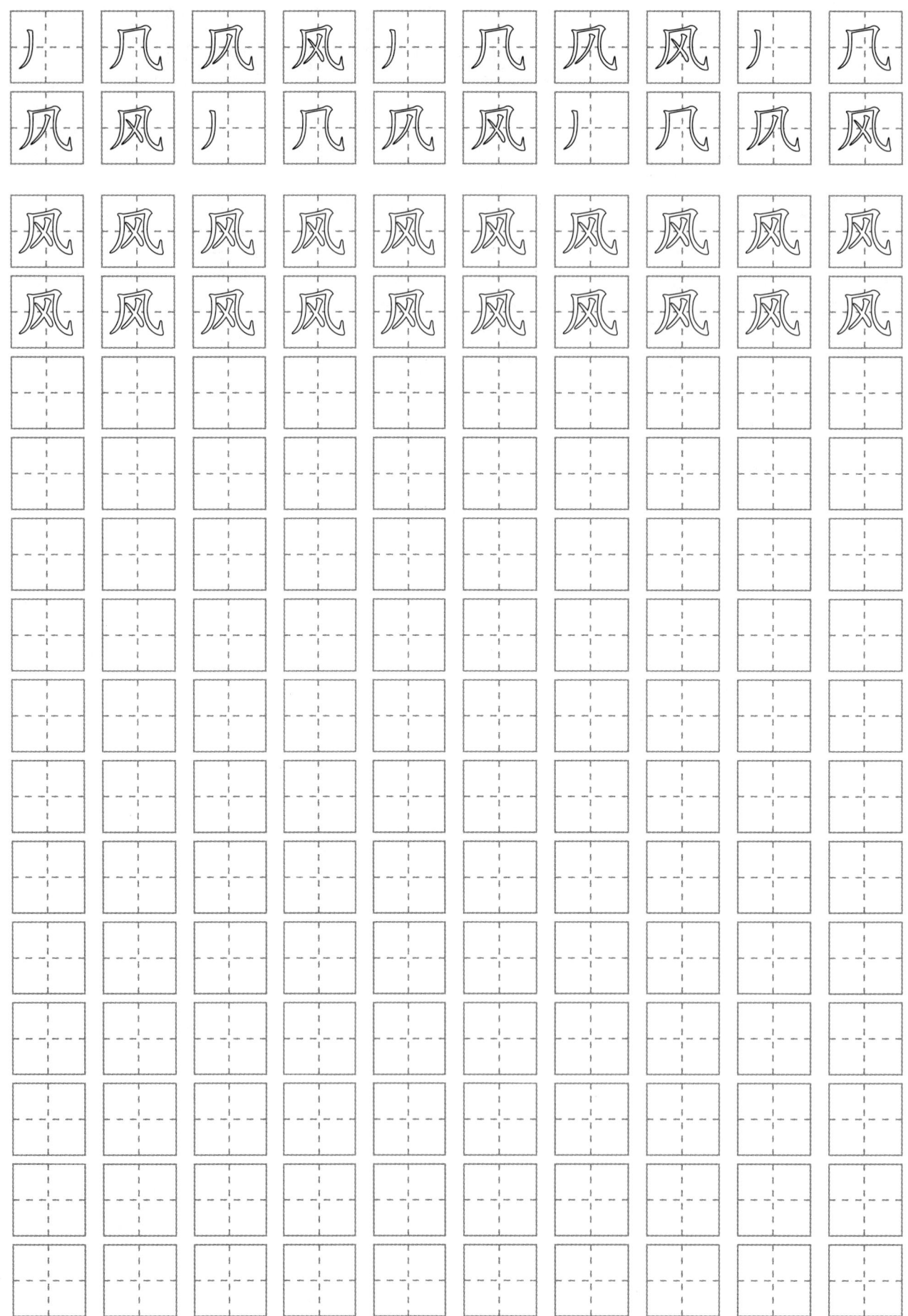

Lesson 10 A yellow coat

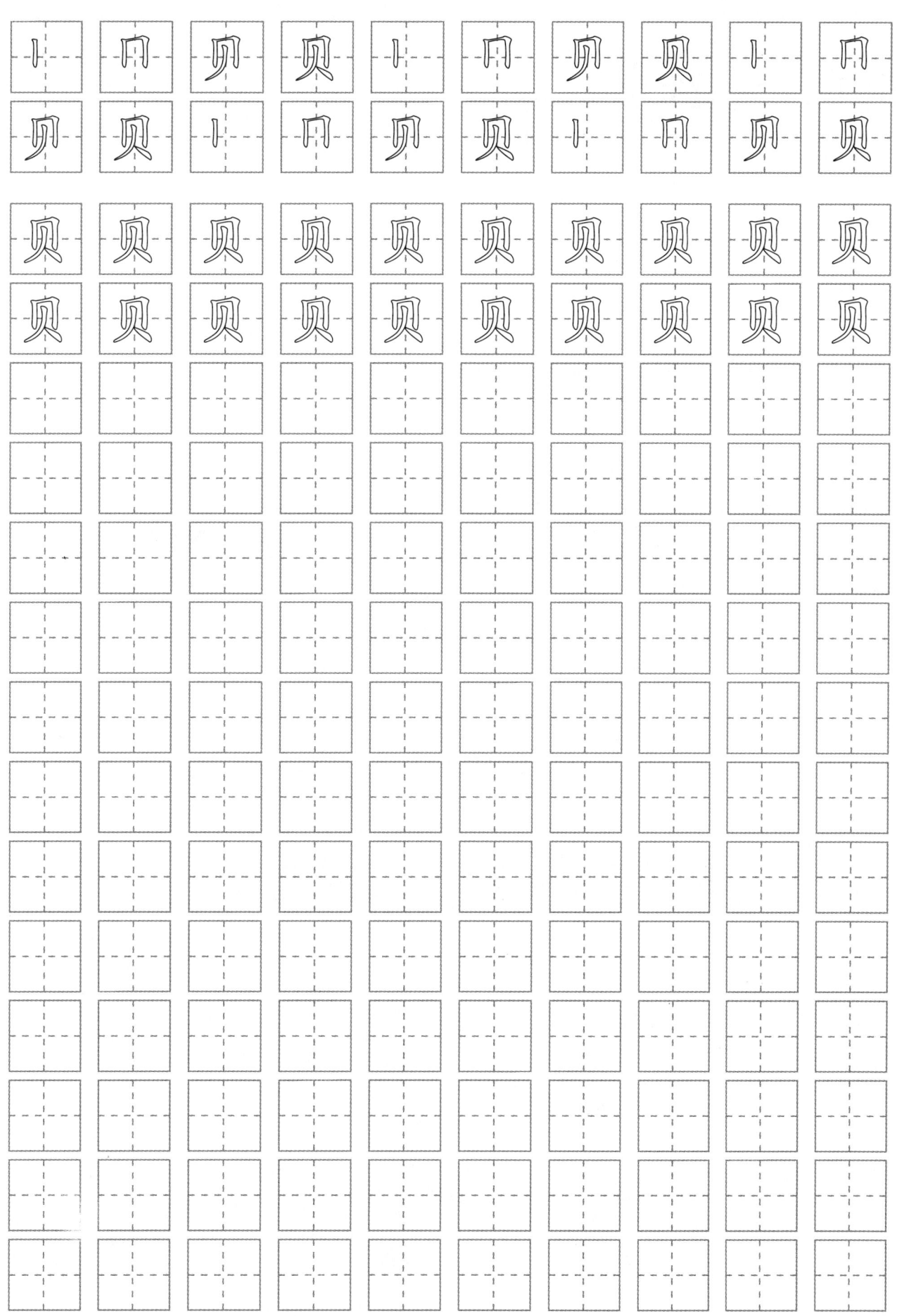

Lesson 11

我想做一名画家

1. Circle the words you hear.
圈出你听到的词语。

1. fāngchéng / fánchén / wánchéng

2. tòngkǔ / tòngkū / dòngkū

3. jūzhù / jūshù / qūchú

4. shítou / zhǐtou

5. yǔsǎn / qǔsǎn

2. Listen to the recording and fill in the syllables.
听录音，填写音节。

1. lǎo____
2. ____nián
3. měi____
4. jiā__dà
5. nián____
6. ____kèlì
7. ____cài
8. bào__huā
9. hú____
10. rénmín____

Lesson 11　I want to be an artist

③ **Listen and link.**
听一听，连一连。

大学生　　　　初中生

老师　　　　　警察

导游　　　　　画家

④ **Number the pictures according to the order in which you hear the sentences.**
根据听到的句子的顺序为图片标上序号。

⑤ **Listen to the recording and judge whether the following sentences are the same as what you hear or not.**
听一听，看看下面的句子和你听到的一样不一样？

① 我妈妈喜欢做导游。

② 我现在是一名老师。

③ 我爸爸是一名画家。

83

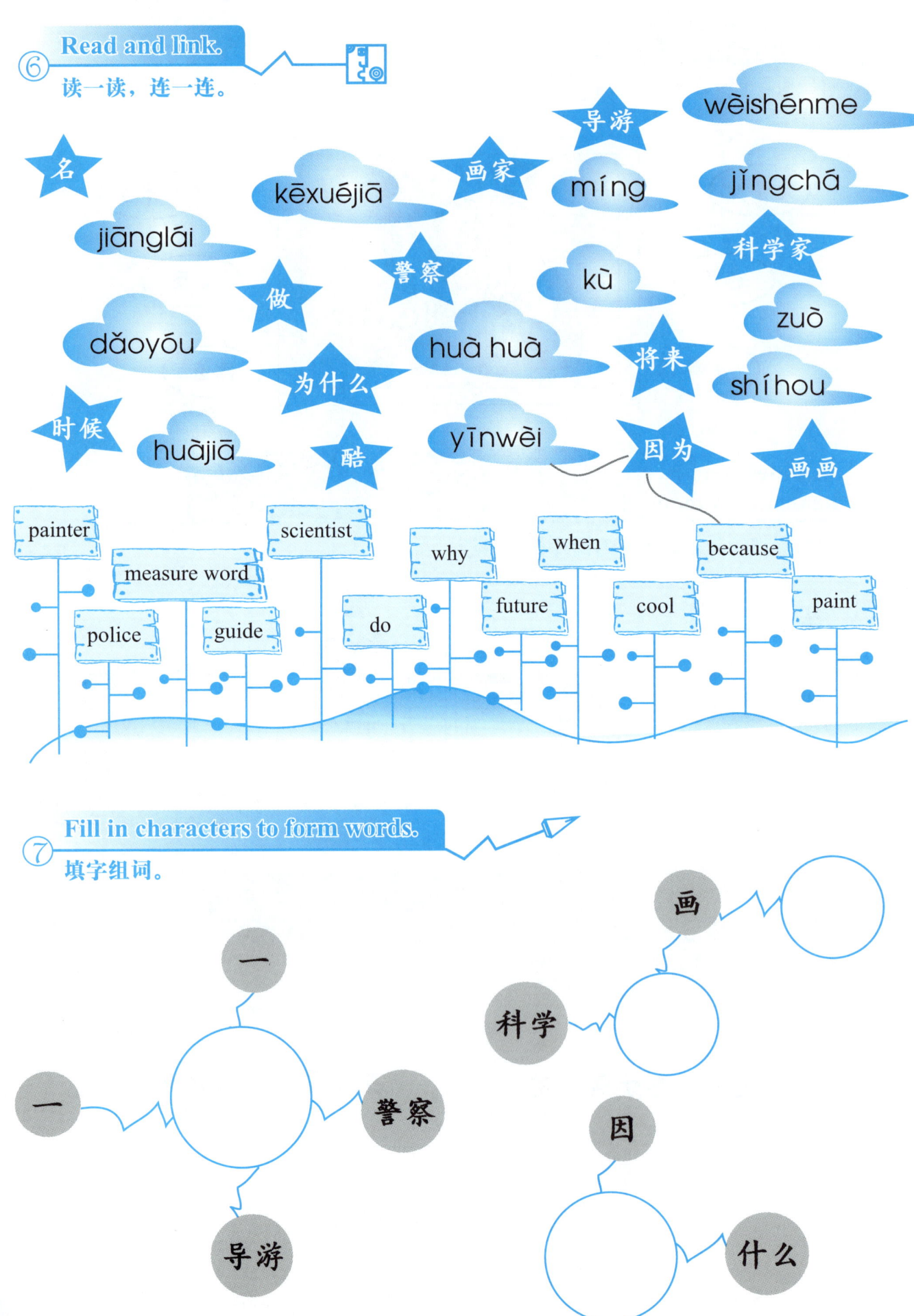

Lesson 11 I want to be an artist

8 Translate the following sentences into English.
把下列句子译成英语。

1. 你 将 来 想 做 什 么 ？
   Nǐ jiānglái xiǎng zuò shénme?

   _____

2. 我 想 做 一 名 画 家 。
   Wǒ xiǎng zuò yì míng huàjiā.

   _____

3. 你 为 什 么 想 做 画 家 ？
   Nǐ wèishénme xiǎng zuò huàjiā?

   _____

4. 因 为 我 喜 欢 画 画 。
   Yīnwèi wǒ xǐhuan huà huà.

   _____

5. 6 岁 的 时 候 ， 我 想 做 一 名 科 学 家 。
   Liù suì de shíhou, wǒ xiǎng zuò yì míng kēxuéjiā.

   _____

9 Put each word into the right position in its sentence.
把下列词语放在句中合适的位置。

| 名 | A 我 B 爸爸是一 C 画家。 |

| 做 | A 我 B 将来想 C 一名警察。 |

| 因为 | A 我 B 想学画画， C 画画 D 很有趣。 |

10 **Draw the professions of your family members and then talk about them.**
画出你家里人的职业，并用汉语说一说。

我 _____ 是一名 _____，我 _____ 是一名 _____……
Wǒ　　　shì yì míng　　　 wǒ　　　shì yì míng

11 **Talk about your dreams by using the given stucture.**
按下列框架说一说自己的理想。

_____ 岁的时候，我想做
　　suì de shíhou, wǒ xiǎng zuò
一名 _____。_____ 岁的时候，
yì míng　　　　　 suì de shíhou,
我想做一名 _____。_____ 岁
wǒ xiǎng zuò yì míng　　　　　　suì
的时候，我想 _____。现在，
de shíhou, wǒ xiǎng　　　　Xiànzài,
我 _____。
wǒ

Lesson 11　I want to be an artist

⑫ **Read and then circle the characters whose first strokes are the same.**

认一认，圈出第一笔相同的字。

⑬ **Complete the sentence and type it in the computer.**

完成句子并试着在电脑上输入。

我将来想做一名 _____，因为 _____

_____。

Lesson 11 I want to be an artist

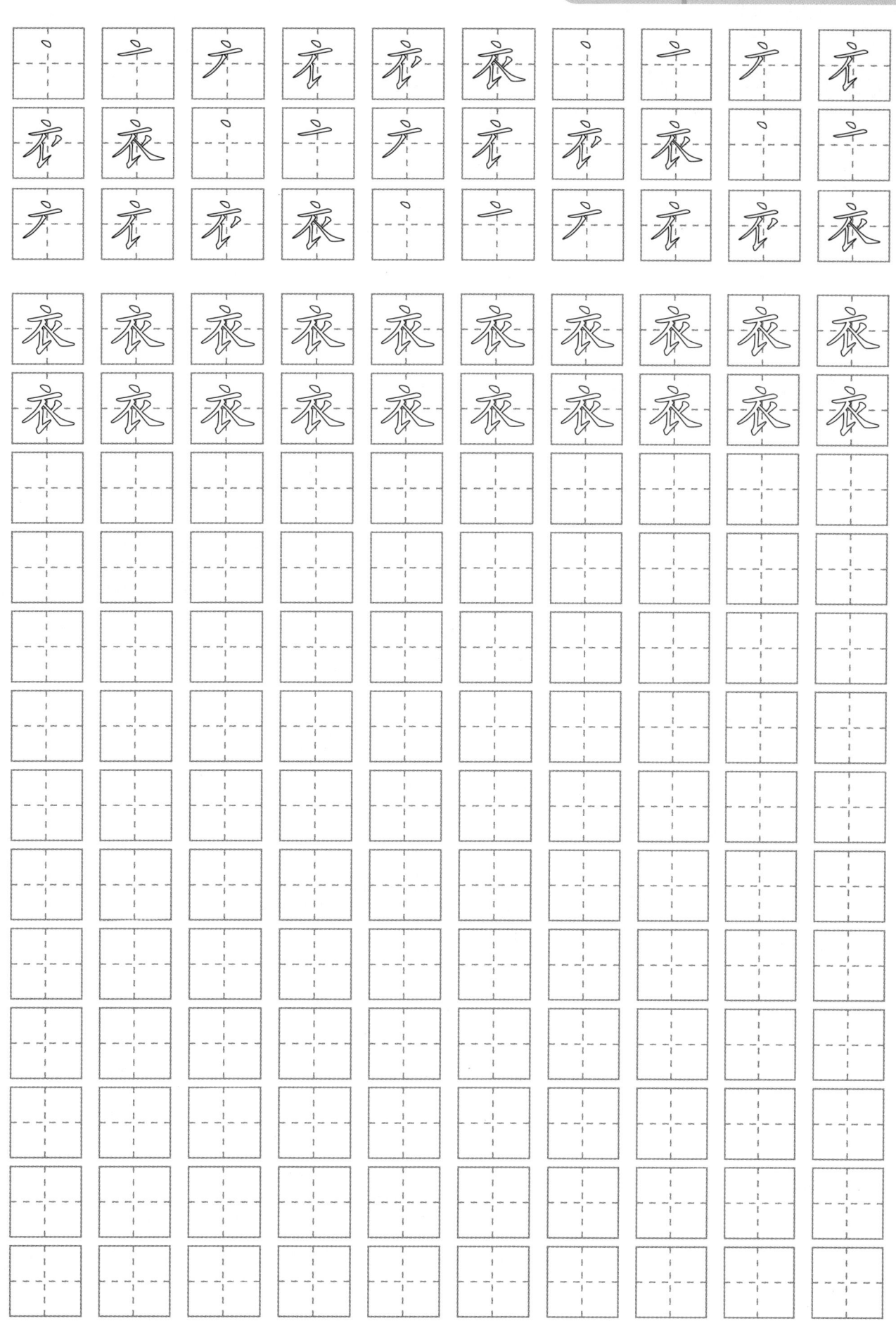

Lesson 12

你会玩滑板吗？

① Circle the words you hear.
圈出你听到的词语。

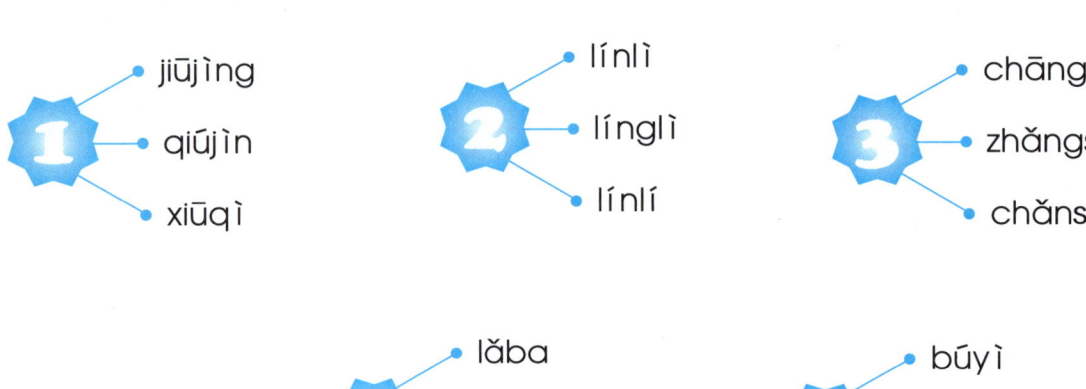

1. jiūjìng / qiūjìn / xiūqì
2. línlì / línglì / línlí
3. chāngshēng / zhǎngshēng / chǎnshēng
4. lǎba / làbā
5. bǔyì / būyì

② Listen to the recording and fill in the syllables.
听录音，填写音节。

1. dǎ___
2. ___yuán
3. ___
4. wěi___
5. shāfā___
6. ___lùn
7. ___shēng ___shì
8. qún___

Lesson 12 Can you skate board?

③ **Number the pictures according to the order in which you hear the words and expressions.**

根据听到的词语的顺序为图片标上序号。

④ **Listen to the recording and see whether what you hear matches the pictures.**

听一听，看看听到的和图片是否一致。

⑤ Choose one from A or B and then compose dialogues with the sentence you hear.

听一听，从A、B中选择一句与听到的句子组成对话。

1. A 不太会。   B 我喜欢。

2. A 我打篮球打得很好。   B 我喜欢，但是不会踢。

3. A 游得不好，一般。   B 你游泳的时候很帅。

⑥ Read and link.

读一读，连一连。

会 shuō 篮球
zúqiú yōu yǒng huábǎn
难 滑板 足球
huì tī
lánqiú zhēnde 游泳
说 nán
踢 一般 听说
yìbān 真的
tīngshuō dǎ 打

can — play — basketball — play, kick — hard — say — skate — so-so — hear — play — football — true

Lesson 12　Can you skate board?

⑦ **Fill in characters to form words.**
填字组词。

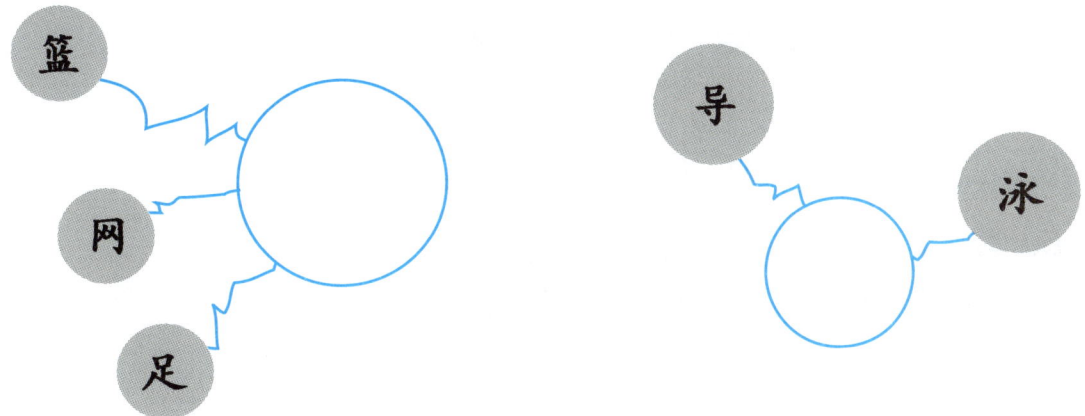

⑧ **Read and fill in the blanks by choosing a word.**
读一读，选词填空。

打　　　踢　　　玩

⑨ **Identify the word that is different from the rest of the group.**
从每组词中选出一个你认为不同的词。

10 Translate the following sentences into English.
把下列句子译成英语。

1. 听说你打篮球打得很好。
   Tīngshuō nǐ dǎ lánqiú dǎ de hěn hǎo.

2. 你踢足球踢得怎么样？
   Nǐ tī zúqiú tī de zěnmeyàng?

3. 我踢足球踢得一般。
   Wǒ tī zúqiú tī de yìbān.

4. 我不太会玩滑板。
   Wǒ bú tài huì wán huábǎn.

11 Ask your family members or friends, and complete the form, then talk about it in Chinese.
采访你的家人或朋友，完成下表，并用汉语说一说。

	运动	怎么样？		
		不会	很好	一般
我				

Lesson 12　Can you skate board?

⑫ **Form characters with the given components.**
组汉字。

⑬ **Identify the part that the two characters have in common.**
认一认，找出每组汉字相同的部件。

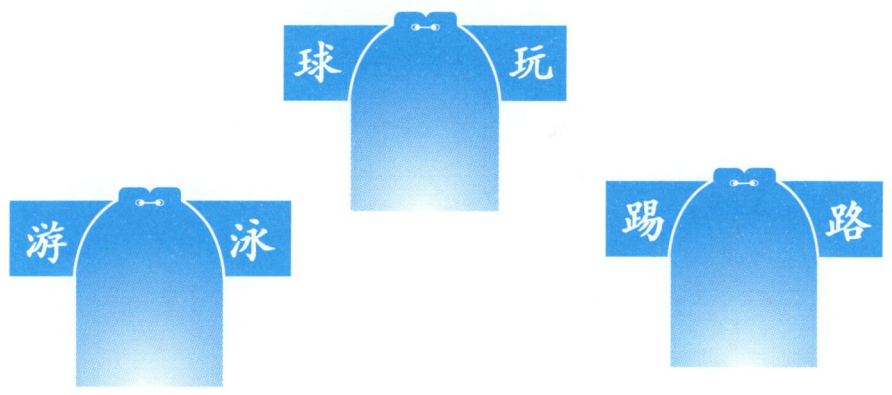

⑭ **Read and type.**
读一读，然后试在电脑上输入。

　　我哥哥游泳游得很好，打篮球也打得很好。他喜欢玩滑板，他玩滑板的时候很帅。我喜欢踢足球，不过踢得一般。我不会打排球。

Lesson 12 | Can you skate board?

郑 重 声 明

高等教育出版社依法对本书享有专有出版权。任何未经许可的复制、销售行为均违反《中华人民共和国著作权法》，其行为人将承担相应的民事责任和行政责任，构成犯罪的，将被依法追究刑事责任。为了维护市场秩序，保护读者的合法权益，避免读者误用盗版书造成不良后果，我社将配合行政执法部门和司法机关对违法犯罪的单位和个人给予严厉打击。社会各界人士如发现上述侵权行为，希望及时举报，本社将奖励举报有功人员。

反盗版举报电话：(010) 58581897/58581896/58581879

反盗版举报传真：(010) 82086060

E-mail：dd@hep.com.cn

通信地址：北京市西城区德外大街4号
　　　　　高等教育出版社打击盗版办公室

邮　　编：100120

购书请拨打电话：(010)58581118

图书在版编目（CIP）数据

体验汉语初中练习册. 1B/国际语言研究与发展中心
—北京：高等教育出版社，2009.3
 ISBN 978 – 7 – 04 – 025044 – 2

Ⅰ. 体… Ⅱ. 国… Ⅲ. 汉语—对外汉语教学—习题
Ⅳ. H195.4

中国版本图书馆 CIP 数据核字（2009）第 007964 号

策划编辑　徐群森　　责任编辑　鞠　慧　　责任印制　韩　刚

出版发行	高等教育出版社	购书热线	010 – 58581350
社　　址	北京市西城区德外大街4号	免费咨询	800 – 810 – 0598
邮政编码	100120	网　　址	http://www.chinesexp.com.cn
总　　机	010 – 58581000		http://www.hep.com.cn
		网上订购	http://www.chinesexp.com.cn
经　　销	蓝色畅想图书发行有限公司		http://www.landraco.com
印　　刷	北京鑫丰华彩印有限公司	畅想教育	http://www.widedu.com
开　　本	889×1194　1/16		
印　　张	6.5	版　　次	2009年3月第1版
字　　数	185 000	印　　次	2009年3月第1次印刷

本书如有印装等质量问题，请到所购图书销售部门调换。　ISBN 978-7-04-025044-2
版权所有　侵权必究
物料号　25044 – 00